Friedrich Seebaß

Mathilda Wrede

Friedrich Seebaß

Mathilda Wrede

BRUNNEN VERLAG GIESSEN/BASEL

ABCteam-Bücher erscheinen in folgenden Verlagen:
Aussaat- und Schriftenmissions-Verlag Neukirchen-Vluyn
R. Brockhaus Verlag Wuppertal
Brunnen Verlag Gießen
Bundes Verlag Witten
Christliches Verlagshaus Stuttgart
Oncken Verlag Wuppertal

Jubiläumsausgabe
Ein Band aus der Reihe „ZEUGEN DES GEGENWÄR-
TIGEN GOTTES", einer Biographiensammlung,
deren erste Bände 1936 erschienen

CIP-Kurztitelaufnahme der Deutschen Bibliothek

Seebass, Friedrich:
Mathilda Wrede: [e. Leben für d. Gefangenen u.
Armen] / Friedrich Seebass. –
5., Aufl., Jub.-Ausg. – Giessen; Basel: Brunnen-Verlag, 1986.
(ABC-Team; 3809: Taschenbücher)
ISBN 3-7655-3809-4
NE: GT

4., bearbeitete Auflage

© 1986 Brunnen Verlag Gießen
Umschlaggestaltung: Martin Künkler
Satz: Typostudio Rücker & Schmidt
Herstellung: Ebner Ulm

Inhalt

Vorwort

Es ist schon eine Welt besonderer Art: die Welt der Strafgefangenen. Abseits der Öffentlichkeit bleibt sie unseren Blicken weitgehend entzogen.

Durch die Jahrhunderte hindurch gab es immer wieder einzelne, die sich gerade dieser Verachteten und Ausgestoßenen besonders annahmen. Es waren meist bewußte Christen – Männer und Frauen, die Christus als befreiende Wirklichkeit kennengelernt hatten. Darum konnten sie nicht anders: Sie mußten von dieser Freiheit auch denen sagen, die in doppeltem Sinn gebunden waren.

Neben Elisabeth Fry, einer Quäkerin in England, ist besonders Mathilda Wrede in Finnland zu nennen (1863-1928).

Waren es einst nur wenige Christen, die hier ihre besondere Verantwortung wahrnahmen, so gibt es heute viele Menschen, denen die Sorge um die Gefangenen am Herzen liegt. Das hängt damit zusammen, daß wir von dem Gefangenen mehr wissen als in früheren Jahren. Wir sehen, wie stark ein schlechtes Elternhaus und eine schädliche Umwelt einen Menschen prägen können. Wir wissen auch mehr über die Auswirkungen der Erbanlagen auf unser Verhalten. So kommt es, daß der Gefangene oft nur als Opfer von Vererburg und schädigenden Umwelteinflüssen gesehen wird.

In dieser Lage begegnen uns die Pioniere der Gefangenenseelsorge ganz neu. Ob sie uns nicht auch heute bei all unserem Wissen etwas zu sagen haben? Mathilda Wrede beweist es deutlich. Welch ein Macht der Liebe ging von ihr aus! Selbst ganz verhärtete Verbrecher mußten hier kapitulieren. Mathilda hatte im Lichte Gottes das Dunkel ihres eigenen Lebens geschaut. Fortan wußte sie um die Schuld, die sie von Gott trennte, aber auch um das Geschenk der Gnade und Vergebung.

So sah sie nun auch jeden Gefangenen. Als Begnadigte mußte sie ihm die Gnade Gottes bringen. Dieses Anliegen war ihr so wichtig, daß sie ihr Leben lang unermüdlich dafür eintrat, die gute Botschaft bekannt zu machen.

Neben dieser geistlichen Dimension ihrer Arbeit vergaß sie keineswegs die äußeren Bedürfnisse. Sie sah stets den ganzen Menschen. Das körperliche Wohl der Gefangenen lag ihr genauso am Herzen wie etwa Kontakte zu deren Angehörigen. Auf vorbildliche Art und Weise achtete sie die Persönlichkeit jedes einzelnen, behandelte ihn als Mensch mit eigener Würde. Trotz ihrer adeligen Herkunft war sie sich nicht zu schade, mit Häftlingen aus einem Krug zu trinken oder ihnen ihr Taschentuch anzubieten. Selbst Schwerverbrechern brachte sie Vertrauen entgegen – oft bis zur Grenze des Leichtsinns – und erfuhr Gottes Schutz und verändernde Macht in manch gefährlicher Situation. So fand sie den Weg zum Herzen der Gefangenen, die sicher sein konnten, daß ihr Vertrauen nie mißbraucht wurde.

Die Liebe zu ihren Schützlingen machte Mathilda Wrede erfinderisch und ließ sie neue Wege gehen. Sie leistete Pionierarbeit in ihrem Bemühen, entlassene Gefangene wieder ins normale Leben einzugliedern. Über der Hilfe für einzelne verlor sie nie den weiten Blick für ihre Verantwortung in Politik und Gesellschaft. Immer wieder erhob sie ihre Stimme gegen Unrecht und fand auch Gehör bis in höchste politische Kreise.

In der Vergangenheit gab es in Deutschland zwei Männer, die Gott in eine ähnliche Richtung geführt hat. Der eine war Alfred Dubian in Frankfurt. In seiner schlesischen Heimat hörte er aus einem Gefängnis den Ruf eines Gefangenen: „Herr, erbarme dich!" Es wurde für ihn zum Ruf in die Gefangenenseelsorge. Neben seinem Beruf als Kaufmann widmete er ab 1901 seine ganze Kraft dieser Aufgabe.

Der andere, Johannes Muntau, hatte als Leiter des Strafvollzugsamtes in Celle großen Einfluß auf die Seelsorge und Fürsorge in den Gefängnissen Niedersachsens. Gemeinsam mit anderen gründete er 1925 das Schwarze Kreuz in Celle. Seelsorge und Fürsorge stehen bis heute auf dem Programm dieses Werkes. Andere Werke wie die Siegerländer Gefangenenmission unter Hermann Waffenschmidt kamen im Laufe der Jahre dazu.

Das Bemühen um den Gefangenen ist heute nicht mehr ein Monopol der Christenheit. Viele säkulare Organisationen mühen sich ebenfalls um das Wohl des Gefangenen. Doch als Christen sollten wir unsere Chance erkennen: Einzelne oder Gruppen können als ehrenamtliche Mitarbeiter in die Gefängnisse kommen. Gott hat uns Türen aufgetan. Er erwartet nicht, daß wir alle eine Mathilda Wrede sind. Das aber sollte jeder Besucher prüfen, ob er mit seiner kleinen Kraft und Tragfähigkeit in diese Arbeit gerufen ist und ob er etwas von dieser Liebe weitergeben kann, die so leuchtend in Mathildas Leben war.

Wilhelm Veller

9

Anfänge

Das Geschlecht, dem Mathilda Wrede entstammt, ist alt: das italienische Fürstenhaus der Colonna. Ein junger Fürst aus dieser Familie wurde von seinem Vater verstoßen, weil er gegen dessen Willen ein schlichtes Mädchen einfachen Standes heiratete. So verließ er sein Elternhaus und verzichtete auf Besitz und Titel. In jenen Jahren des Mittelalters tobte in Italien der Kampf zwischen Welfen und Ghibellinen; es floß viel Blut, und auf den Schlachtfeldern gab es Not und Elend. Dort, wo die Kämpfe am erbittertsten tobten, tauchte immer ein unerschrockener Helfer auf. Es war ein Ritter in grüner Rüstung, der stets ein geschlossenes Visier trug und von niemandem erkannt wurde. So gab ihm der Volksmund den Namen „il Verde" (der Grüne). Er fragte nicht nach Partei und Herkunft, er wollte nur helfen und bezahlte dies zuletzt mit seinem Leben: Man fand ihn tot unter den Opfern des Schlachtfeldes. Als sein Visier geöffnet wurde, erkannte man den Sohn des Fürsten Colonna.

Die Kinder dieses Ritters Verde verließen Italien und zogen nordwärts, sie behielten den Namen Verde bei. Ein Zweig dieses Geschlechts ließ sich Anfang des vierzehnten Jahrhunderts in den Ostseeprovinzen nieder, und mit der Zeit wurde aus Verde der Name Wrede. Die Familie Wrede besaß Burgen und Höfe im Baltikum; später wählten sie Finnland, das Land der tausend Seen, zu ihrer Heimat.

Dort wurde im Jahre 1864, als Finnland noch zu Rußland gehörte, Mathilda Wrede als zehntes Kind des Freiherrn Karl Gustav Wrede auf dessen Besitzung Rabbelugn geboren. Bei Betrachtung ihres Lebens will es uns scheinen, als sei in ihr etwas von dem Geist ihres ritterlichen Vorfahren lebendig geworden: der Geist der Weitherzigkeit, der furchtlosen Hingabe und tatenfrohen Liebe, die des eigenen Lebens nicht achtet um der andern willen.

Mathilda verlor die Mutter im frühesten Alter, aber der gütige Vater und eine liebevolle ältere Schwester, der die Mutter ihr jüngstes Kind als kostbares Vermächtnis anvertraut hatte, bemühten sich, ihr die fehlende Mutterliebe zu ersetzen. So verbrachte sie eine fröhliche Kindheit auf dem Lande, spielte mit den Kindern des Hofgesindes und besuchte mit ihnen die Dorfschule.

Von früher Jugend an verband sie eine feste Zusammengehörigkeit mit den Spielkameraden, die über Klassen und Stände hinweg Brücken der Liebe baut. Auch Mathildas Schulfrühstück unterschied sich nicht von dem der einfachen Kinder. Die Liebe zu ihrem finnischen Volk wurde schon in frühester Jugend durch die Berührung mit allen Volksschichten in ihr Herz gelegt. So bereitete Gott sie schon früh auf ihren „Beruf" vor. Auch später wollte sie nichts vor ihren Schützlingen, den Gefangenen, voraushaben – sie richtete sich in ihrer Ernährung nach den Regeln der Gefängnisse und benutzte für ihre Kleidung den gleichen groben grauen Stoff, in den die Sträflinge eingekleidet wurden.

Nachdem ihr Vater zum Gouverneur des finnischen Bezirkes Vasa ernannt worden war, mußte die Familie meist in der Stadt leben, und Rabbelugn diente nur noch als Ferienziel.

Sonnig und unbeschwert ging ihre Kinderzeit dahin. Mathilda war eine begeisterte Reiterin, und ihre große Liebe zu den Tieren – besonders zu den Pferden – ließ sie sich diesem Sport mit besonderer Freude widmen. Als sie

Rabbelugn, das Elternhaus von Mathilda Wrede.

später für einige Jahre die Privatschule in Fredrikshamm besuchte, wurde das kluge Kind bald der Liebling aller Lehrerinnen. Aber „ein bißchen verrückt" fanden die Gefährtinnen es doch, wenn sie ihre freie Zeit zur Pflege einer elenden Katze verwandte, die sie vom Tode des Ertrinkens gerettet hatte, oder wenn sie in ihrer Manteltasche ein Eichhörnchen beherbergte. Alle hilflosen und schutzbedürftigen Geschöpfe waren schon damals ihrer Liebe und Fürsorge sicher.

Ihre erste Begegnung mit Gefangenen fiel in ihre früheste Kindheit. Die Sträflinge, die vor dem elterlichen Hause Brennholz zerkleinerten, erregten ihre Teilnahme. Sie hörte das harte Wort „Zwangsarbeit", und wenn der düstere Zug der grauen Männer am Abend wieder abgeführt wurde, beschäftigte sie der Gedanke, daß es um sie selbst her hell und behaglich war, jene aber in ihre dunklen, vergitterten Zellen zurückkehren mußten.

Als siebenjähriges Kind mußte sie einmal mitansehen, wie in einer Schmiede einem jungen, finster blickenden Mann Handschellen angeschmiedet wurden und wie der Schmied, von Haß erfüllt, den Verbrecher verächtlich und mißtrauisch behandelte. Als ihre Lehrerin sie wegschicken wollte, erhielt sie die merkwürdige Antwort: „Wenn der Mann es ertragen kann, daß man ihm Fesseln anschmiedet, werde ich es ertragen können, es mitanzusehen."

Als Mathilda, nach Beendigung der Schule, ins Vaterhaus zurückkehrte, empfing sie ein hübsches eigenes Zimmer, dessen Möbel in der Tischlerei einer Strafanstalt hergestellt waren. Bei aller Freude über diesen schönen Besitz bekümmerte es sie doch tief, daß Menschen, die der Freiheit beraubt waren, diese Dinge für sie gearbeitet hatten.

Da erging eines Tages, in ihrem zwanzigsten Lebensjahr, der Ruf Gottes an sie. In der Versammlung eines begnadeten Predigers traf sie das Wort aus Johannes 3,16: „Also hat Gott die Welt geliebt, daß er seinen eingeborenen Sohn gab, auf daß alle, die an ihn glauben, nicht verloren werden, sondern das ewige Leben haben."

Unter dem Eindruck dieser Predigt vollzog sie eine völlige Hingabe ihres Lebens an Christus, und ihre verborgenen Kämpfe und Zweifel fanden eine Lösung. Sie selbst empfand diese Entscheidung so klar, daß sie auf dem Heimweg ihrem Vater gegenüber aussprach, sie befinde sich an der entscheidenden Wende ihres Lebens. Man sprach damals in der vornehmen Gesellschaft viel von den Versammlungen, und als sie am selben Abend nach diesem inneren Erlebnis mit ihrem Vater eine festliche Veranstaltung besuchte, wurde sie von vielen Bekannten ausgefragt. Man war bereit, zu lächeln und zu spötteln. Mathilda aber war von jener entscheidenden Begebenheit so ergriffen, daß sie mit glühender Beredsamkeit zu berichten begann und erst allmählich spürte, wie wenig Verständnis sie bei ihren Zuhörern fand.

Sie hatte Ja gesagt zu dem Ruf, und von nun an war sie nicht mehr selbst Herr ihres Lebens, sondern gehörte dem an, der sie erlöst hatte. Bald sollte dem Ruf die Berufung folgen, die für sie selbst und ungezählte unglückliche, in Schuld, Not und Sünde verstrickte Menschen zum Segen wurde.

Das Schloß ihrer Zimmertür war schadhaft und mußte in Ordnung gebracht werden. Dazu wurde ein Sträfling herbefohlen, der nun gefesselt seine Arbeit in ihrem Zimmer verrichtete. Mathilda fühlte, daß sie nicht stumm und kalt an diesem Mann vorübergehen durfte; die Liebe Gottes, von der sie so stark erfaßt war, überwand ihren inneren Widerstand. Sie begann ein Gespräch mit dem Gefangenen und wagte es schließlich, ihm von Gott und ihrem eigenen großen Erleben zu sagen. Da hob der Gefesselte die Augen zu ihr auf und bat: „Gnädiges Fräulein, Sie sollten zu uns herauskommen und uns dort so etwas sagen – es täte uns not!" Mathilda versprach ihm, am Sonntag in die Strafanstalt zu kommen. Als ihr Vater von dem Plan erfuhr, wollte er seine Einwilligung nicht geben; aber das junge Mädchen bestand auf dem gegebenen Versprechen, und der Vater erteilte seine Erlaubnis unter der Bedingung, daß der Wärter sie begleite. Mathilda ging, und da sie spürte, welche Freude ihr Besuch für die Gefangenen bedeutete, wiederholte sie ihre Gänge, und Vater und Schwester gaben ihren anfänglichen Widerstand auf. Aber noch erkannte sie nicht, daß es Gottes Berufung war, die sie in die Festungen der Schuld und Not führte.

Da sprach Gott durch einen merkwürdigen Traum zu ihr: In ihr helles, freundliches Zimmer trat mit klirrenden Ketten an Händen und Füßen ein Gefangener. Er blickte sie mit todtraurigen Augen an und bat sie, zu ihnen zu kommen, die im Dunkel der Sünde ihre Strafen abbüßen mußten. „Sage uns ein Wort von Ihm, der freimachen kann!" Sie erwachte und griff in großer Unruhe nach ihrer Bibel. Wunderbarerweise fiel ihr Blick auf das Wort im Propheten Jeremia 1,6-7: „Ach Herr, ich tauge nicht zu predigen; denn ich bin zu jung. Der Herr aber sprach zu mir: Sage nicht, ich bin zu jung; sondern du sollst gehen, wohin ich dich sende, und predigen alles, was ich dir gebiete."

Wie klar war diese Antwort! Sie faltete die Hände und bat um weitere Weisung. Dann schlug sie die Bibel ein zweitesmal auf und traf auf Hesekiel 3,9-11: „Ja, ich habe deine Stirn so hart wie einen Diamanten gemacht, der härter ist als ein Kieselstein. Darum fürchte dich nicht, entsetze dich auch nicht vor ihnen, denn sie sind ein Haus des Widerspruchs. Und er sprach zu mir: Du Menschenkind, alle meine Worte, die ich dir sage, die fasse zu Herzen und nimm sie zu Ohren! Und gehe hin zu den Gefangenen deines Volkes und predige ihnen und sprich zu ihnen!"

Von dieser Stunde an wußte Mathilda Wrede, daß nach Gottes Willen fortan ihr Leben den Gefangenen gehören sollte und daß sie trotz ihrer Jugend und ihrer zarten Gesundheit diesem Befehl folgen müsse in restloser Hingabe, in Gehorsam und Liebe.

Am nächsten Morgen gab sie alle andern Pläne auf und eilte ins Gefängnis. Es war nicht vergebens: Für den Gefangenen, dem ihr Besuch galt, wurde die Aussprache mit ihr zu einem Wendepunkt in seinem Leben.

Von nun an gab es für Mathilda nichts Wichtigeres als den Dienst, den Gott ihr aufgetragen hatte. Keine Einladung, keine Verabredung konnte sie davon abhalten, ihre Gefangenen zu besuchen. Weil sie an sich selbst erfahren hatte, daß die Liebe Jesu die Kluft zwischen Gott und dem sündigen Menschen überbrückt, konnte sie lebendig und wirksam den „Elenden ihres Volkes" die frohe Botschaft von der Erlösung bringen und Licht in ihre Finsternis tragen.

Als im Jahre 1884 Baron Wrede von seinem Posten als Gouverneur von Vasa zurücktrat, nahm die Familie wieder ihren Wohnsitz auf Gut Rabbelugn. Mathilda fiel es schwer, sich von ihren Freunden im Gefängnis zu trennen; anscheinend gab es für sie nun keine Möglichkeit mehr, die geliebte und gesegnete Arbeit fortzusetzen. Da mußte sie einer ärztlichen Behandlung wegen nach Helsingfors reisen. Auf der Straße begegnete sie einem Zug Strafgefangener. Sie blieb stehen und sah ihnen nach. Der

Gedanke an ihre „Freunde" hinter Gittern flammte lebendiger denn je in ihr auf. Wohl hatte sie ihnen von Rabbelugn aus treu geschrieben – aber Briefe können nie ein Gespräch ersetzen. Warum sollte sie nicht auch unter veränderten Lebensumständen ihren Dienst weiter tun und den ihr von Gott übertragenen Beruf erfüllen? Schnell entschlossen suchte sie den Gefängnisdirektor, Oberstaatsanwalt Grotenfelt, auf und trug ihm ihr Anliegen vor. Sie erbat sich die Erlaubnis, sämtliche Gefängnisse und Strafanstalten Finnlands besuchen zu dürfen, um den Gefangenen das Evangelium zu verkünden.

Der hohe Beamte ließ sie geduldig ausreden und fragte dann, wie wohl ihr Vater, der ehemalige Gouverneur, zu diesem Plan seiner Tochter stünde. Mathilda erwiderte, er habe ihr erlaubt, die Gefangenen in Vasa zu besuchen; so würde er gewiß nichts dagegen einwenden, wenn sie ihre Tätigkeit erweitern wolle. Als der Oberstaatsanwalt erfuhr, daß sie erst zwanzig Jahre alt war, meinte er lächelnd, das sei ja kein sehr hohes Alter. „Das gibt sich aber von Tag zu Tag!" erwiderte Mathilda.

So wurde ihr die schriftliche Erlaubnis erteilt. Freilich äußerte Direktor Grotenfelt, er gäbe seine Zustimmung nur, weil er der Ansicht sei, in wenigen Monaten würde die junge Baroneß ohnehin lieber in den Ballsaal gehen; deshalb sähe er keine Gefahr, einem so ungewöhnlichen Ansinnen nachzugeben.

Mit Empfehlungsschreiben an die verschiedenen Gefängnisdirektoren und einer allgemeinen Ermächtigung zum Besuch des Gefängnisses in Helsingfors, Abo, Tavastehus und Villmanstrand ausgerüstet, verließ Mathilda das Sprechzimmer.

Direktor Grotenfelt hatte sich in seiner Vermutung geirrt: Mathildas Wirken in den Gefängnissen und Zuchthäusern begann im Jahre 1884 und sollte volle dreißig Jahre währen. Sie durfte im tiefen Sinn des Wortes das Gesetz Christi erfüllen: „Einer trage des andern Last" (Galater 6,2).

Mit teilnahmsvollem Herzen nahm sie bewußt die Sündenlast derer, die sie ihre „Freunde" nannte, auf sich und teilte in Liebe und Treue auch die Last ihrer äußeren Nöte.

Um kein Mißverständnis aufkommen zu lassen: Mathilda Wrede hat niemals die Sünde beschönigt und Unrecht Recht genannt. Sie sah mit den Augen einer von Gott geheiligten Liebe in jedem, auch dem tief gefallenen Menschen, das Ebenbild Gottes, wenn es auch entstellt war. Ihr Ziel war, den Sünder wieder in Verbindung mit dem ewigen Licht zu bringen, und Gott hat ihre Gebete erhört und ihre Arbeit gesegnet.

Mathilda schob den Beginn ihrer Arbeit nicht auf. Noch während ihres Aufenthalts in Helsingfors besuchte sie die Gefangenen in der Strafanstalt, sprach mit ihnen und verteilte Schriften.

Botin des Lichts

Es folgt nun eine Reihe von Einzelberichten über Mathilda Wredes Tätigkeit, die wir Ingeborg Maria Sick sowie Mathildas nächster Freundin, Evy Fogelberg, verdanken.

Im Untersuchungsgefängnis zu Vasa fand ein „verlorener Sohn" heim zu Gott. Ein mehrfach rückfällig gewordener Dieb war zu lebenslänglicher Haft verurteilt worden. Noch nie war Mathilda Wrede einem „Lebenslänglichen" begegnet; nun tat sie, was sie vermochte, um dem jungen Menschen, der keine irdische Hoffnung mehr hatte, sein Los zu erleichtern. An einem strahlenden Ostermorgen hielt der Gefängniswagen, der den Verurteilten in das Zuchthaus Kakola bringen sollte, vor der Strafanstalt. Sie hatte in ihrer praktischen Liebe für eine letzte gute Mahlzeit für den Gefangenen gesorgt und stand bei ihm, als man ihn in schwere Eisen legte. Der scharfe Kontrast zwischen diesem Anblick und dem leuchtenden Frühlingstag mit den heiter vorübergehenden Menschen schnitt ihr tief ins Herz.

Einige Zeit darauf, im Jahre 1885, besuchte sie zum ersten Male die düstere Stätte Kakola, das größte Zuchthaus Finnlands. Zu ihrer großen Freude erfuhr sie, daß ihr Schutzbefohlener sich bewährte. Als sie mit ihm sprach, fühlte sie, daß „der Friede Gottes, der höher ist als alle Vernunft", sein Herz erfüllte. Lächelnd sprach er davon, daß seinem Leben bald ein Ziel gesetzt sei; denn die Schwindsucht, an der er litt, mache schnelle Fortschritte. Sein großer Wunsch war, vor seinem Tode noch etwas für Mathilda zu arbeiten, und bei einem ihrer nächsten Besuche – er war Schreiner – überreichte er ihr strahlend einen kleinen Bücherschrank, in dessen Tür er kunstvoll ihren Namenszug und das Wappen der Wrede geschnitzt hatte. „Ich weiß, daß Sie die Unsitte haben, alles fortzugeben, was Sie besitzen. Aber dieser Schrank darf nicht verschenkt werden, darum habe ich ihn mit Ihrem Namen versehen." Mathilda hat dieser Gabe einen Ehrenplatz in ihrem Zimmer zugewiesen; dort stand der kleine Schrank neben vielen anderen Zeichen der Dankbarkeit und Liebe bis zu ihrem Heimgang. Er war die letzte Arbeit des Gefangenen; kurze Zeit darauf konnte Mathilda ihrem Schützling in seiner Sterbestunde nahe sein.

Nach Kakola kamen nur die „schweren Fälle", deren Strafmaß mindestens vier Jahre betrug; aber es gab unter den fünfhundert Insassen auch viele, die entweder zum Tode oder zu lebenslänglicher Haft oder auch zur Zwangsarbeit in Sibirien verurteilt waren.

Als ihre Besuche in Kakola begannen, war Mathilda erst zwanzig Jahre alt; aber sie war eine starke Persönlichkeit mit einem festen Willen und der bedingungslosen Bereitschaft, die ihr aufgetragene frohe Botschaft auszurichten. Der Direktor der Anstalt und der Geistliche kamen ihr freundlich entgegen. Das Verständnis des Pfarrers freute sie besonders, da an anderen Orten die Geistlichen ihr manche Hindernisse in den Weg gelegt hatten. Der Direktor ließ ihr für ihr Wirken völlig freie Hand, er erlaubte ihr Einzelbesuche in den Zellen und bot ihr auch den Kirchenraum an, falls sie eine Ansprache halten wolle.

Angesichts des Feiertages – es war Karfreitag – nahm sie dieses Angebot an; als sie aber in der Sakristei wartete, bis ihre eigenartige Gemeinde sich versammelt hatte, wurde ihr bang zumute. Wie sollte sie sich in freier Rede in finnischer Sprache ausdrücken? Damals sprach man in den gebildeten Kreisen Finnlands Schwedisch, und daher beherrschte sie die Sprache ihres Volkes nicht völlig. Aber gerade diese Unsicherheit machte sie ganz abhängig von Gott. Sie erwartete von Gott allein, daß er ihre Worte lenken und die Botschaft von der Erlösung verständlich und klar auf ihre Lippen legen würde.

Ein flehendes Gebet um Leitung und Segen stieg aus ihrem Herzen, dann trat sie vor die vielen von Leid, Schuld und Verbrechen gezeichneten Gestalten. In diesem Augenblick fiel alle Furcht und Unsicherheit von ihr ab; es war ihr, als redete ein anderer durch sie. Die Worte flossen ihr zu, warm und voller Leben. Als sie endete, standen helle Tränen in den Augen der Gefangenen; Gottes Hand hatte an ihre Herzen gerührt.

In den darauffolgenden Tagen nahm sie ihre Besuche in den Zellen auf. Sie ging immer unbegleitet und war doch nicht allein; denn der Eine war mit ihr, in dessen Auftrag sie handelte, und der sie in wunderbarer Weise vor den großen Gefahren schützte, die ihr drohten.

Sie begann ihre Gespräche mit den Häftlingen erst, wenn der Wärter die Zellentür wieder zugeschlossen und sich entfernt hatte. Die Gefangenen sollten wissen, daß niemand Zeuge dessen war, was sie Mathilda anvertrauten. Für die gemeinsam eingesperrten Häftlinge stand ihr ein Zimmer zur Verfügung, in dem sie mit den einzelnen ohne Störung Sprechstunde halten konnte.

Worin lag die wunderbare Macht, die ihr über die Herzen der Gefangenen gegeben war? Wie kam es, daß diese „Festungen des Bösen" kaum je vor ihr verschlossen blieben? Ihr Herz war von der Liebe erfüllt, die der Apostel Paulus in 1. Korinther 13 beschreibt: Sie ist „die größte unter ihnen". Niemals handelte sie einförmig, teilte nie wahllos Traktate aus oder begann sofort ein geistliches

Gespräch, sie fing auch nicht gleich mit Bibelworten an. Sie war so verbunden mit ihrem Herrn, daß sie bis ins kleinste auf seine Weisungen wartete. Daher der weitreichende Segen, der auf ihrem Wirken ruhte. Sie handelte wirklich „in aller Weisheit", und ihre eigenen Gaben, ihr klarer Verstand, ihr feines Taktgefühl und ihre weibliche Einfühlungsgabe kamen ihr dabei zu Hilfe.

In einer Zelle saß ein junger Mann mit finster-trotzigem Gesicht. „Was wollen Sie hier?" fragte er. „Sie sehen so froh und glücklich aus und passen nicht hierher." Mathilda antwortete, daß sie gerade diesem traurigen Ort die Botschaft von Gottes Liebe bringen wolle, die sie selbst erfahren habe. Aber sie stieß auf heftige Ablehnung. Er frage nichts nach Pastor und Kirche, aber er sage es auch ehrlich; denn bei aller Schlechtigkeit wolle er wenigstens nicht heucheln. Dann zog eine finstere Wolke über seine Stirn, und Mathilda, die in diesen Gesichtern zu lesen gelernt hatte, erkannte, daß etwas Besonderes in dem Manne vorging. Dann brach es aus ihm heraus, daß das, was ihn am meisten bedrücke, das Bewußtsein sei, sich nur an Schlechtes und Böses in seinem Leben erinnern zu können – an keine einzige gute Tat! Mathilda dachte darüber nach, wie ihm zu helfen wäre. Die Liebe, die immer erfinderisch macht, lenkte ihren Blick auf den Krug Dünnbier, der auf dem Bord stand, eine der seltenen Erquickungen für die Sträflinge. Ob er ihr wohl etwas von dem Bier abgeben würde, fragte sie, ihr sei im Gefängnis der Hals so trocken geworden, und es würde für sie eine große Erquickung sein. Im Gesicht des jungen Menschen malte sich ein grenzenloses Erstaunen. Sollte das möglich sein? Nein, er wollte, er konnte nicht glauben, daß diese feine Dame, die Tochter des Gouverneurs, aus dem unsauberen Becher eines „Lebenslänglichen" zu trinken begehrte. Ein Freudenschimmer erhellte das verdüsterte Antlitz. Mathilda trank und dankte und tat in diesem Augenblick mehr an dem Gefangenen, als eine Predigt es vermocht hätte. Auch ihre späteren Besuche wirkten beruhigend auf diesen leicht erregbaren Gefangenen, der als besonders gefährlich galt.

An einem andern Tag ließ Mathilda sich die Zelle eines berüchtigten Verbrechers öffnen. Der Direktor und alle, die mit ihm zu tun hatten, erklärten einstimmig, daß ihm weder mit Schlägen noch mit Strafen beizukommen sei. Er bedrohte jeden, der sich ihm nahte, und so hatte man seine Zelle völlig geleert und ihn selbst in das „große Eisen" gelegt. Breite Hals- und Leibeisen waren mit schweren Ketten über Brust und Rücken verbunden; vom Leibeisen liefen zwei kurze Ketten zu den Handschellen, und auch an den Füßen trug er schwere Fesseln – nun schon seit anderthalb Jahren.

Über diese Begegnung berichtet uns Ingeborg Maria Sick ausführlich: Der Mann wandte sein wildes Gesicht zur Tür, und als er sah, daß außer Mathilda niemand eintrat, drehte er sich wieder um und blieb unbeweglich am Boden liegen. Er wollte mit niemandem reden; denn er betrachtete alle Menschen als seine Feinde. Mathilda bat den Wärter, der in einiger Entfernung auf dem Gang stand, ihr einen Stuhl zu bringen. Der Wärter lehnte es als zu gefährlich ab; er fürchtete, dem Gefangenen mit dem Stuhl eine Waffe in die Hand zu geben. Mathilda bestand aber auf ihrer Bitte, und der Wärter gab nach; dann ließ er Mathilda nicht ohne Sorge mit dem Sträfling allein.

Sie trat nun dicht zu dem am Boden Liegenden und sagte fest und ruhig: „Stehen Sie auf!" Er tat zwar, was sie befahl, aber voller Haß funkelten seine Augen sie an. Nun würde sie sich hinsetzen, und er müßte als armer Sünder vor ihr stehen. Alles in ihm bäumte sich gegen diese neue Erniedrigung auf. Aber er hatte sich geirrt: Eine freundliche Stimme forderte ihn zum Sitzen auf, es würde ihm gut tun, einmal die Stellung zu wechseln, sie wolle ruhig bei ihm stehenbleiben und abwarten, bis er sich ein wenig erholt habe. Unvergeßlich blieb ihr der Ausdruck der Entspannung, der die von Sünde und ungezügelten Leidenschaften verwüsteten Züge des Mannes verwandelte. Es war wie ein Aufatmen, eine Befreiung. Sie hatte mit diesem kleinen Akt der Freundlichkeit und menschlichen Achtung den Schlüssel zu seinem Wesen gefunden. Nun hörte er ihr zu, als sie zu ihm sprach. Einmal unterbrach er sie und zeigte auf ein tiefes Loch in der Wand. Ob sie wohl raten könne, woher es käme? Er habe als Schreiner eine Axt in der Zelle gehabt und diese eines Tages nach dem Wärter geschleudert. Wäre der Wurf nicht mißlungen, hätte die Axt ihm den Schädel gespalten. Fragend sah er Mathilda an, ob sie, ein halbes Kind, sich nicht vor ihm fürchte, ob sie wisse, daß er der Schlimmste von allen in Kakola sei, der Gefährlichste? Aber Mathilda verneinte, sie glaube nicht, daß er ihr etwas anhaben werde, und außerdem wisse sie sich geborgen in Gottes Hut. Dann sei sie wohl eine Christin? Ach, wie sonderbar, man hielte sich für verstoßen und verlassen von aller Welt, und mit einemmal käme jemand und sei gut und freundlich. „Fast hätte ich Lust, auch ein Christ zu werden." Tiefe Bewegung malte sich in dem verwitterten Gesicht. Aber die Mächte der Finsternis gewannen wieder die Oberhand, Wut und Verzweiflung kamen über ihn. Nein, in diesem Eisen könne er nicht ein anderer Mensch werden, eher ein Teufel. Tiefes Erbarmen erfüllte Mathildas Herz, und sie sprach sanft und liebevoll zu dem Armen. Und wirklich – unter ihrem Einfluß wurde er ruhig. Da bat sie ihn, im

Neuen Testament zu lesen, das ja in seiner Zelle liege. Ach nein, bei ihm nicht mehr – er habe es dem Wärter an den Kopf geworfen. Mathilda gab ihm das ihre, und er versprach, bestimmt in diesem Buch zu lesen. Sie aber wußte, daß sie ihm vertrauen durfte.

Wo es in ihrer Macht lag, suchte Mathilda ihren gefangenen Freunden Liebe zu erweisen, und nicht nur ihnen, sondern über die Gefängnismauern hinaus auch den Angehörigen der Sträflinge. Sie erfuhr, daß die alte Mutter eines lebenslänglich Verurteilten sich nach Kunde von ihrem Sohn sehnte, und versprach ihm, seine Mutter aufzusuchen, um ihr Grüße von ihm zu bringen. Die Frau wohnte an einem sehr entlegenen Ort, aber für Mathilda gab es keine Hindernisse. Im Zug traf sie den Generaldirektor der finnischen Staatsbahnen, und auf seine Frage nach ihrem Reiseziel erzählte sie ihm von ihrem Vorhaben. Da ließ er den Zug an einer Stelle halten, von der aus das Haus leichter zu erreichen war. Nun trennte sie „nur" noch ein breiter Wassergraben von ihrem Ziel, aber ein Arbeiter half ihr hinüber, und so konnte sie der tiefbekümmerten Frau Nachricht von ihrem Sohn bringen. Damit hatte sie ihr wohl die letzte Freude auf dieser Welt bereitet; denn bald darauf starb die alte Frau an einer schweren Krankheit.

Eines Tages meldete sich in ihrem Sprechzimmer ein ungewöhnlich roh und gefährlich aussehender Mann. Er hatte sich vorgenommen, Mathilda in Schrecken zu setzen, um zu sehen, „wie ein Christ ist, wenn er Angst hat"; denn er glaubte nicht den Aussagen seiner Mitgefangenen, daß „das Fräulein" sich vor nichts und niemand fürchte. Er blieb unbeweglich an der Tür stehen und ging auf Mathildas freundliche Fragen nicht ein. Als sie schließlich ratlos aufstand, um ihm ein Buch zum Lesen anzubieten, näherte er sich drohend und ließ seine mächtige Faust donnernd vor ihr auf den Tisch fallen. Zu seinem größten Erstaunen bewahrte Mathilda ihre Haltung und legte ganz ruhig ihre Hand auf seine Faust. „Wäre es nicht gut für Sie", fragte sie, „wenn Ihr Herz Frieden fände?" Dem rohen Gesellen traten Tränen in die Augen, er wandte sich ab und antwortete: „Ich wollte schon, aber ich bin so fürchterlich schlecht!" Und mit dem Ruf: „Verzeihen Sie mir!" verließ er das Zimmer.

Wie viele tragische Menschenschicksale zogen an Mathilda Wrede vorüber und gruben ihre Spuren tief in ihr warmes, mitfühlendes Herz! Auch ist sie oft von Sträflingen „ihr bester Freund" genannt worden. Sie achteten sie hoch und schenkten ihr volles Vertrauen. Sie wußten, daß sie sich voll und ganz auf Mathilda Wrede verlassen konnten, daß sie verschwiegen und voller Güte war – aber daß sie auch die Sünde beim Namen nannte. Dabei lag es ihr fern, auf die gefallenen Menschen herabzublicken; sie wußte, daß es nur Gnade ist, die den einzelnen vor schweren Verfehlungen bewahrt.

In ihrem Buch „Unter Gefangenen und Freien" berichtet uns Evy Fogelberg in den „Bildern aus dem Gefängnisleben" von der Vielfalt der Erlebnisse Mathildas in den Gefängnissen.

So trat z.B. einmal ein ungemein sympathischer junger Mann in ihr Sprechzimmer, aber nicht, wie sie erwartet hatte, um über geistliche Dinge mit ihr zu sprechen, sondern um ihr umständlich zu berichten, wie die Gefangenen Tabak ins Gefängnis schmuggelten. Bis in die kleinsten Einzelheiten mußte sie zuhören, welche Kniffe die Gefangenen dabei anwandten. Schließlich stampfte sie ärgerlich mit dem Fuß auf und rief: „Still! Ich will nichts mehr davon hören! Ich finde diese Schmuggelei ungerecht! Und verstehen Sie denn nicht, daß ihr die größten Unannehmlichkeiten bekommt, wenn ich das alles dem Beamten erzähle?"

Der Mann stand gelassen vor ihr, seine Haltung war edel und ruhig. Er sagte: „Aber verstehen Sie denn gar nicht, Fräulein, warum ich Ihnen das alles erzähle? Seit vielen Jahren sorgen Sie für uns Gefangene und unsere Familien. Sie helfen uns in jeder Hinsicht und nennen uns Ihre Freunde. Nun haben wir Männer beschlossen, Ihnen den Beweis unserer Liebe, unserer Achtung und unseres Vertrauens zu geben: Wir haben Ihnen unsere Gefängniskniffe anvertraut und uns damit ganz und gar in Ihre Hände gegeben. Aber wir sind völlig gewiß, daß Sie unser Vertrauen nicht mißbrauchen. Nie werden Sie die Veranlassung sein, daß einer von uns bestraft wird. Das wissen wir alle."

Er nahm Mathildas Hand, drückte sie fest und setzte hinzu: „So, jetzt wissen Sie unsere Geheimnisse."

Natürlich konnte sie diese Handlungen nicht gutheißen, aber das so geäußerte Vertrauen machte sie sehr glücklich.

Nach dieser Sprechstunde begab sich Mathilda in eine Einzelzelle, um einen lebenslänglichen Gefangenen zu besuchen. Der Wärter, der ihr die Zelle öffnen sollte, warnte sie: „Er ist heute scheußlicher Laune. Heute sollte das Fräulein nicht hineingehen. Er hat sich was Besonderes ausgedacht; sobald er den Schlüssel sich im Schloß drehen hört, nimmt er seinen Krug mit Dünnbier und gießt es dem Eintretenden entgegen. Wir sind seine boshaften Stückchen schon gewöhnt."

„Gut, daß Sie sich daran gewöhnt haben. Öffnen Sie nur die Tür, und zeigen Sie sich erst! Wenn der Krug leer ist, dann komme ich."

Die Tür öffnete sich, aber kein Überguß erfolgte, weil der Krug schon leer war. Mathilda trat ein. Der Mann grüßte nicht, auch legte er seine Hand nicht in die ihre, die sie ihm entgegenstreckte. „Was hat das zu bedeuten?"

„Ich bin böse. Ich will heute nicht mit dem Fräulein sprechen. Ich will meinen Frieden haben." Mit hartem Griff faßte er Mathildas Arm und schob sie zur Tür hinaus. Sie hatte gerade noch Zeit, ihm zuzurufen: „Morgen komme ich wieder, vielleicht haben Sie dann mehr Lust, mit mir zu sprechen."

Als Mathilda am nächsten Morgen bei ihm eintrat, wischte der Gefangene den Stuhl ab, der etwas staubig war, und bat sie höflich, Platz zu nehmen. Er sagte: „Ich kenne Sie seit Jahren, Fräulein, aber heute muß ich es anerkennen, daß Sie eine wahre Christin sind." „Und warum?" „Weil Sie heute wiederkommen, nachdem ich Sie gestern fast hinausgestoßen habe, und weil Sie trotzdem freundlich zu mir sind. Ich war nicht so böse, wie es aussah; aber ich wollte mal sehen, ob Sie sich über mein schlechtes Betragen beschwerten und ich dann Strafe dafür bekäme. Doch sind Sie heute freundlicher zu mir als je."

Ein anderes Mal saß ein Gefangener in seiner Zelle und arbeitete an einem Geschenk für Mathilda Wrede. Er hatte einen kleinen Schuh aus Horn angefertigt, in den ein Federmesserchen eingelassen war. Eben hatte er ein hübsches M.W. auf die Scheibe graviert, als ein Wärter eintrat. Feilarbeiten waren strengstens untersagt, der Täter hätte bestraft werden müssen. Als der Wärter aber erkannte, daß die Arbeit für Mathilda Wrede bestimmt war, ließ er die Sache auf sich beruhen.

Später erzählte der Gefangene: „Es fehlte nicht viel, als der Wärter eintrat und meine Arbeit sah, daß es mir schlecht ergangen wäre. Als er aber M.W. auf dem Messer erblickte, lächelte er nur. Sicher sind M.W. die besten Buchstaben der Welt, wenigstens für uns hier in Kakola. Ohne sie bekäme ich jetzt nur Wasser und Brot."

„Eben hat man einem Gefangenen ein Taschentuch abgenommen. Er behauptet, gnädiges Fräulein, es gehört Ihnen, aber wir können das nicht glauben", sagte der Gefängnisdirektor zu Mathilda Wrede und zeigte ihr ein grobes, sehr schmutziges Taschentuch mit einem rotgestickten M.W.

„Doch! Ja, dies ist eins von den Taschentüchern, die ich immer in der Tasche habe, um sie den Gefangenen zu geben, wenn sie erkältet sind oder weinen", antwortete Mathilda. „Als eine wohlwollende Dame in Petersburg hörte, wie schlecht es damit für die Gefangenen bestellt ist, schenkte sie mir mehrere Dutzend fertiger Taschentücher. Ich hoffe, daß mein Name die Gefangenen vor der Mißdeutung schützt, daß sie sich auf unerlaubtem Wege das verschafft hätten, was sie unumgänglich nötig haben. Wenn die Verwaltung die Gefangenen nicht mit Taschentüchern versorgt, so muß ich es tun."

„Wie viele Dutzend haben Sie?" „Es werden ungefähr fünf Dutzend sein." Der Direktor runzelte die Stirn, aber bald darauf wurden Zeuglappen angeschafft, die von den Gefangenen als Taschentücher benutzt wurden.

Die Gefangenen in Kakola wollten Mathilda Wrede wenigstens einmal wöchentlich eine Freude machen, wenn sie in der Anstalt war. Daher baten sie sie ein für allemal, des Sonntags in das Sängerzimmer zu kommen, in dem achtzehn Männer untergebracht waren, die den Gesang in der Kirche, bei Begräbnissen und dergleichen Anlässen zu leiten hatten. Wenn sie ins Zimmer trat, standen diese achtzehn, in doppelter Reihe aufgestellt, schon zum

Kakola bei Abo, Finnlands größtes Zuchthaus für Männer.

Singen bereit. Sie grüßte rechts und links, reichte ihnen allen die Hand und hatte für jeden ein freundliches Wort. Dann mußte sie mitten im Zimmer Platz nehmen.

Um es richtig sauber und fein zu machen, breiteten sie immer ein reines Handtuch über den Stuhl, das die Männer für diesen Zweck immer der Reihe nach hergaben. Darauf wurde ein Lied nach dem andern gesungen, aber nur solche, wie sie Mathildas Geschmack entsprachen, die nur zu gut wußte, wieviel unaussprechliches Leid und tiefe seelische Not die Herzen vieler Sänger erfüllte.

Wie sehr Mathilda auch an den späteren Schicksalen ihrer Schützlinge Anteil nahm, beweisen viele Berichte, die uns ihre Biographin Evy Fogelberg überliefert. Als Beispiel diene die Geschichte eines Seemanns, eines vielseitig künstlerisch begabten, aber sonderbar veranlagten Menschen. Durch eine unheimliche Verstrickung war er zum

Mörder geworden, um die Ehre seiner Schwester zu retten. Im Zustand völliger Geistesverwirrung traf ihn Mathilda im Gefängnis. Täglich bemühte sie sich, dem innerlich so zart veranlagten jungen Menschen in seinen Qualen beizustehen. Als sein Zustand eine gefährliche Krise erwarten ließ, brachte sie sogar die entscheidende Nacht an seinem Lager zu, und es gelang ihr, den Kranken zu beruhigen und dadurch eine, wenn auch äußerst langsame, Besserung herbeizuführen. Nach Beobachtung in einer Irrenanstalt wurde ihr junger Freund zu acht Jahren Haft verurteilt und ins Gefängnis Kakola übergeführt. Die Gefängnisverwaltung zeigte für den seltsamen Sträfling Verständnis; es wurde ihm erlaubt, kleine Holzgegenstände zu bemalen, so daß sein schweres Dasein eine kleine Erleichterung erfuhr. Im dauernden Umgang mit Mathilda Wrede wurde seine ursprüngliche Frömmigkeit wieder geweckt, so daß er in kindlicher Zuversicht auf Gottes Leitung seine Strafe abbüßte.

Eines Tages überreichte er Mathilda einen Holzlöffel, auf den er eine Butterblume gemalt hatte. Er habe das langsame Wachsen der Pflanze auf dem öden Gefängnishof beobachtet, das Aufsprießen der Knospe zur Blüte, dann den weißen Ball, dessen dauniger Same sich ringsum verstreut. Dann sagte er, er habe gerade diese Pflanze gewählt, weil sie ihm Mathildas Ebenbild zu sein schiene – mitten in Schmutz und Sünde der Strafanstalt trüge sie Freundlichkeit und Sonnenschein und streue guten Samen aus.

Etwas eigenartig blieb er immer, und so fehlte es nicht an heiteren Erlebnissen mit ihm, denen Mathildas Sinn für Humor sich nicht verschloß. Bei einer Besichtigung betraten mehrere höhere Beamte auch seine Zelle. Einer von ihnen meinte freundlich, das Zimmer sei etwas klein, worauf der junge Mann erwiderte, es käme darauf an, wer darin wohne; für einen Elefanten sei es allerdings zu klein, für eine Ameise riesengroß, aber für einen Menschen habe es gerade die rechte Größe.

Einst übergab er Mathilda ein selbstgemaltes Bild. Es stellte einen Friedhof dar. Zwischen den Monumenten schritt eine hohe Frauengestalt, einen Regenschirm in der Hand. Sie schien etwas zu suchen. Unterschrift: Fräulein Wrede sucht ihr Grab. Dann sprach er sinnend über die verschiedenen Grabmäler auf den Kirchhöfen, wie da oft unter weißen Kreuzen eine schwarze Seele ihre Ruhestatt gefunden habe. Viele Denkmäler seien prächtig und selbstbewußt, während vielleicht ein bescheidenes, kleines Holzkreuz das Grab eines Menschen schmücke, der vor Gott Großes geleistet habe.

Den Plan Mathildas, ein Gnadengesuch für ihn einzureichen, wies er als Eingriff in Gottes Walten zurück. Er wollte gehorsam die Folgen seiner Tat auf sich nehmen. Doch als im Jahre 1894 der russische Thronfolger geboren wurde, schenkte eine erlassene Amnestie auch ihm die Freiheit.

Nach seiner Entlassung wanderte er nach Amerika aus, aber dort hielt es ihn nicht. Er kehrte zurück und gründete ein Café. Durch die Betrügereien einer weiblichen Hilfskraft geriet er in große Schwierigkeiten, und wieder war es Mathilda Wrede, die helfend einspringen und die Geschäfte in Ordnung bringen mußte, während er nach Amerika zurückging.

Viele Jahre später besuchte er auf der Durchreise von Amerika nach Norwegen seine alte Freundin, die gerade von einer schweren Krankheit genesen war. Wochen hindurch fand er sich täglich bei ihr ein und tat für sie, was er nur konnte. Erst im schicksalsschweren Jahre 1919 erfolgte dann wieder eine Begegnung, über die uns Evy Fogelberg als Zeugin aus lebendiger Erinnerung berichtet. Müde, elend und abgemagert kam er an und sank in den ihm dargebotenen bequemen Stuhl. Während ihm die Tränen über das schmal gewordene Gesicht liefen, erklärte er: „Mathilda Wrede bedeutet für mich tausendmal mehr als all meine Angehörigen zusammengenommen. Sie allein versteht mich. Keine Mutter hätte mich zärtlicher empfangen können."

Und dann mußte sie noch einmal für ihn etwas „in Ordnung bringen". Er hatte eine schwindsüchtige Frau, Mutter eines Kindes, kennengelernt und sie und das Kind aus Mitleid unterstützt und beschenkt. Die Frau aber hatte erklärt, sie wollten nun hingehen und das Aufgebot bestellen. Er hatte aus Gutmütigkeit eingewilligt, aber zu spät war ihm klar geworden, daß er nun zur Heirat verpflichtet war. Daran hatte er nicht gedacht. Was tun?

Auf Mathildas Frage, ob er die Frau denn liebe, verneinte er, sie tue ihm nur leid. Nun sollte auch diesmal Mathilda helfen. Sie mußte lachen – die Lage war wirklich komisch. Der unfreiwillige Bräutigam nahm ihre Heiterkeit auch gar nicht übel. Er hatte aber das feste Vertrauen, daß sie auch diesmal nicht versagen würde. Und er täuschte sich nicht. Mit einiger Mühe gelang es Mathilda, das Paar vor einer mißglückten Ehe zu bewahren. Als sie auf Rat des Pfarramtes den Dompropst aufsuchte und dieser erfuhr, daß sie nur wegen dieser Angelegenheit die Reise nach Borga unternommen hatte, sagte er: „Gut, daß es noch Menschen gibt, die sich solcher Fälle annehmen!"

Es bewegte sie tief, als ihr Schützling ihr neuntausend finnische Mark anbot, da er wisse, wieviel Geld sie für ihre guten Zwecke benötige. Solchem opferfreudigen Verständnis war sie noch nicht begegnet. Sie dankte ihm von

Herzen, wagte aber nicht, die angebotene Gabe anzunehmen.

Als er zum letzten Male nach Amerika reiste, waren seine Abschiedsworte: „Jetzt sind wir wirklich Freunde im Herrn, und doch fällt mir der Abschied von Ihnen gar nicht schwer. Ich meine, die Erde ist so klein und die Zeit so kurz. Und ist man eins im Geist, was hat es dann zu bedeuten, daß man sich nicht sieht?"

Tiefer als solche Erlebnisse aber berührte es sie, wenn eine verirrte Seele klar und bewußt den Weg zum Vater suchte. Unter ihren Zuhörern an jenem ersten Karfreitag in der Zuchthauskirche war ihr ein Mann aufgefallen, der sie mit großen, unendlich traurigen Augen angestarrt hatte. Eines Tages stand er vor ihr in ihrem Empfangszimmer, griff nach ihrer Hand und fragte dringend: „Ist es wahr, ist es wirklich wahr, daß Gott einen so großen Sünder wie mich retten will?" Große Freude erfüllte ihr Herz, und sie versicherte ihm immer wieder nachdrücklich die Wirklichkeit dieser frohen Botschaft, die in dem Buche geschrieben stehe, dessen Wahrheit unerschütterlich sei. Er antwortete nicht viel, aber als er das Zimmer verließ, waren seine letzten Worte: „Möchte es bald hell für mich werden; ich will versuchen, darum zu beten."

Während sie in Abo weilte, besuchte sie in dem alten Schloß die dort untergebrachten Kranken und Arbeitsunfähigen und solche, die aus Raummangel noch nicht in das eigentliche Zuchthaus Kakola eingeliefert werden konnten. Auf den Stufen der sehr ausgetretenen Steintreppe glitt sie aus und spürte an den heftigen Schmerzen sofort, daß sie den Fuß gebrochen hatte. Hier im Schloß warteten die Gefangenen auf eine Andacht, die sie mit ihnen feiern wollte, und drüben in Kakola hatten sich sieben Männer zu einer Unterredung unter vier Augen angemeldet. Im

Vertrauen auf Gott überwand sie die starken Schmerzen und schleppte sich mühsam in den Versammlungsraum. Nachdem sie Gottes Wort verkündigt hatte, verließ sie das Gebäude und bestieg eine Droschke, um nach Kakola zu fahren. Zu ihrem Schrecken begegnete ihr auf dem Gang des Zuchthauses der Arzt; aber wie durch ein Wunder bemerkte er ihren schlimmen Zustand nicht. Sie konnte trotz der großen Behinderung ihre Besuche ausführen und begab sich dann in ihr Sprechzimmer. Dort wurde ihr eine große Freude zuteil: Der Gefangene, Forsberg mit Namen, der vor kurzem die brennende Frage nach seiner Rettung an sie gerichtet hatte, besuchte sie. Er war völlig verwandelt, sein Gesicht war entspannt und alle Dunkelheit aus seinen Augen gewichen. „Ja, es ist geschehen", sagte er schlicht, „Gott ist mein und ich bin sein!" Da er wußte, daß noch viele auf Mathilda warteten, wollte er sich schnell verabschieden; aber er hatte noch eine Bitte: Es lag ihm daran, Mathilda ein Zeichen seiner Dankbarkeit zu geben, und ehe er nach Sibirien verschickt wurde, wollte er, der von Beruf Schuster war, für Mathilda ein Paar Stiefel arbeiten.

Als Forsberg den inzwischen stark angeschwollenen Fuß sah und erfuhr, was geschehen war, war er tief erschüttert. Er wußte, daß Mathilda den gebrochenen Fuß um der Gefangenen willen nicht sofort hatte behandeln lassen, und bestand darauf, an dem verletzten Fuß Maß zu nehmen. Er schalt sie wohl wegen ihrer Unvorsichtigkeit, aber es beglückte ihn doch tief, daß sie ihren Besuch bei den Gefangenen wegen ihres Unfalls nicht aufgegeben hatte.

Nun wurde aber doch eine Behandlung durch den Arzt dringend nötig. Dieser konnte kaum glauben, daß Mathilda mit ihrem verletzten Fuß noch die langen Gänge des Zuchthauses durchschritten hatte. Im Vaterhaus zu Rabbelugn mußte sie nun ruhen, aber unentwegt gingen Gedanken und Gebete zu ihren Gefangenen. Unablässig strickte sie warme Schals und Handschuhe für die Sibirienfahrer, von dem heißen Wunsch beseelt, bis zum Tag ihrer Ausreise gesund zu sein; denn sie hatte ja versprochen, den Sträflingstransport bis Viborg zu begleiten, um ihren armen Freunden den bitteren Abschied ein wenig zu erleichtern.

Auch in jenen Tagen der Krankheit und Geduldsprüfung durfte sie erleben, wie wahr das Wort ist: Wer Liebe sät, wird Liebe ernten. Der Gefängnispfarrer sandte ihr im Namen der Sträflinge ein kunstvoll gearbeitetes Kästchen zum Dank für ihre Besuche.

Als der Tag der Deportation nach Sibirien anrückte, war Mathilda so weit hergestellt, daß sie, zwar hinkend und auf einen Stock gestützt, ihr Versprechen einlösen konnte. Sie befand sich schon im Zuge, in dem Frauen aus Tarvastehus und Männer aus Helsingfors untergebracht waren, als sie erfuhr, daß ihre eigentlichen Freunde aus Kakola erst mit dem nächsten Zuge reisen sollten.

Es erschütterte sie zu sehen, wie manchmal zwei Sträflinge zusammengekettet waren; am tiefsten aber ergriff sie der Anblick eines jungen abstoßenden Menschen, der das „große Eisen" trug. Seine Knöchel waren gefesselt, er konnte kaum gehen, und das Halseisen rieb ihn wund. In der Eile des Aufbruchs hatte man vergessen, ihm das übliche Kissen unterzulegen.

Mathilda setzte sich neben ihn, der sich wütend und aufgeregt gebärdete. Sie schob ihr eigenes seidenes Halstuch und ihr Taschentuch unter die quälenden Bande und sprach lange und ernst mit dem abgestumpften Menschen, den sie von ihren Besuchen im Gefängnis kannte.

Er zeigte keine Reue und meinte nur, er sei „hereingefallen", als er den „alten Tropf" erschlagen habe. Aber daß die Baronin Wrede hier unter den Sträflingen saß, wollte ihm nicht in den Sinn. „Man könnte ja denken, Sie gehörten zu uns!"

Länger als eine Woche blieb der Gefangenentransport in Viborg, und Mathilda benutzte diese Zeit, um den armen Verurteilten soviel Liebe wie möglich zu erweisen. Mit Erlaubnis des Schloßhauptmanns ließ sie für alle Deportierten Korinthenbrote backen und besuchte die Gefangenen, besonders ihre alten Freunde, von früh bis spät. Oft wollte ihr das Herz brechen angesichts dieser Menschen, die mit blutendem Herzen ihr Vaterland verlassen mußten, um im fernen Osten, im unwirtlichen, unendlichen Sibirien in der Verbannung zu leben ohne jede menschliche Zukunftshoffnung.

Obwohl es Juni war, brach ein eisiger Schneesturm aus. Die Heizung der Strafanstalt war nicht in Gang zu bringen, und die Gefangenen froren entsetzlich. Auf dem Hausflur begegnete Mathilda dem Oberstaatsanwalt, der ihr einst die Erlaubnis zum Besuch der Gefängnisse erteilt hatte. Er sah, wie sie vor Kälte blaugefroren war, und machte ihr darüber Vorwürfe. „Warum sollte ich es warm haben, wenn die Gefangenen frieren? Dann müßten mich die Ärmsten ja um meine warmen Kleider beneiden und könnten an nichts anderes denken!" Diese Antwort ging unter den Sträflingen bald von Mund zu Mund. Ihr Fräulein Mathilda fror mit ihnen und für sie! Das ging ihnen mehr zu Herzen als manche Predigt.

Die Deportierten wurden zum Teil als Kolonisten nach Sibirien geschickt, andere in die berüchtigten Gruben von Merschinsk. Auch Forsberg, der Schuster, war unter ihnen. Er bewährte sich weiter und hatte schon tiefgehen-

38

den Einfluß auf einen seiner Kameraden gewonnen. Als er mit Mathilda zusammentraf, sprach er davon, wie schwer es ihm fiele, sich von ihr zu trennen, und meinte dann, er könne sich denken, daß ihr zumute sei wie einer Mutter, die ihre Kinder von sich lassen müsse. Mathilda war damals zwanzig Jahre alt!

Als sie am letzten Abend nach manchen erschütternden Abschiedsworten das Gefängnis verließ, streckten sich viele Hände durch das Gitter nach ihr aus. Ihr Herz war von Kummer und Mitleid erfüllt. Unter Mathildas Schützlingen gab es auch solche, die später ihr gütiges Vertrauen ausnutzten; auch mit ihren Geschlechtsgenossinnen in Tavastehus machte sie schmerzliche Erfahrungen.

Eines Tages kam ein Entlassener zu ihr, der vorgab, nach Amerika auswandern zu wollen, um dort ein neues Leben zu beginnen; es fehle ihm aber das Reisegeld. Ob sie es ihm geben könne? Sie wollte schon, aber eine so hohe Summe konnte sie im Augenblick nicht aufbringen. Sie selbst lebte um ihrer Freunde willen in äußerster Einfachheit.

Da fiel ihr ein, daß sie noch ein Pferd besaß, ein geliebtes, anhängliches Tier namens Raina, ein Geschenk ihres verstorbenen Vaters. Aber nein, Raina konnte sie nicht verkaufen – das war zuviel! Man verkauft nicht einen guten, treuen Kameraden! Der Gedanke an den Menschen, der ein neues Leben beginnen wollte, ließ ihr aber keine Ruhe, und so verkaufte sie das Pferd in gute Hände und gab dem Entlassenen die Summe, die er für die Überfahrt benötigte. Entgegen ihrer Gewohnheit begleitete sie ihn nicht zum Schiff, da andere Verpflichtungen sie abhielten. Als die Zeit verstrich, wunderte sie sich aber, daß sie von „drüben" keinerlei Nachricht erhielt.

Da begegnete sie eines Tages einer schwankenden Gestalt, die ihr merkwürdig bekannt erschien. Der Betrunkene verschwand in einer Kneipe, und Mathilda folgte ihm. Zu ihrem Entsetzen erkannte sie den, um dessentwillen sie Raina fortgegeben hatte. So war sie betrogen worden! Zielbewußt und energisch bewog sie den Mann, sie sofort zu begleiten, und nachdem sie ihn in ihrer Wohnung durch starken Kaffee ernüchtert hatte, sprach sie ernst und eindringlich zu ihm. „Versuchen Sie, es zu vergessen!" bat er.

Später konnte sie ihm dann wirklich helfen, nach Amerika zu gehen, aber das Heimweh ließ ihn nicht los, und er starb nach seiner Rückkehr nach Finnland an einer Lungenentzündung. Mathilda legte ein kleines Blumenkreuz auf sein Grab. Ihre Liebe und Treue gingen über den Tod hinaus.

Einem noch sehr jugendlichen Entlassenen hatte sie eine Lehrstelle bei einem Konditor verschafft. Der Meister war zu ihrer Freude mit dem fleißigen, anstelligen Burschen zufrieden. Zu ihrem Geburtstag überreichte er ihr strahlend eine Torte mit der kunstvollen Aufschrift „Mathilda". Alles schien gut zu gehen.

Kurz vor Weihnachten bot der junge Mann ihr einige Haselhühner zum Kauf an, die er von seinem Paten bekommen habe; aus ihrem Erlös möchte er sich gern ein schönes Weihnachtsfest bereiten. Mathilda, die gerade nach Tavestehus aufbrechen wollte, um die Feiertage mit den weiblichen Strafgefangenen zu begehen, kaufte dem jungen Nyemann die Hühner ab und schenkte sie ihrem Bruder.

Im Januar wurde sie vor Gericht geladen, weil sie von übelbeleumundeten Personen gestohlene Sachen gekauft hätte. Als Nyemann und seine Genossen in Kakola ankamen – sie waren zu vier Jahren Haft verurteilt –, hatten die dortigen Gefangenen bereits von seiner Untat gehört. Ihre Empörung über das, was er „Fräulein Wrede" angetan hatte, war so groß, daß sie ihn zur Strafe Spießruten laufen ließen.

Nach seiner Entlassung brachte Nyemann ihr einen kleinen Myrtenstock, den er im Zuchthaus für sie gezogen hatte – er wolle ihr seine Dankbarkeit zeigen für all ihre Güte, die sie ihm trotz seines schändlichen Benehmens gegen sie erwiesen habe.

Sie sollte aber noch mehr mit ihm erleben. Eines Tages bat er sie um Geld für eine neue Jacke, die allerdings zehn Mark koste. „Ich habe noch dreizehn Mark", sagte Mathilda Wrede, „und für acht Mark wollte ich mir ein Paar Schuhe kaufen." Sie mußten sich also darüber einigen, wie sie es einrichteten. In diesem Augenblick wurde Mathilda ans Telefon gerufen, und sie übergab ihm ihren Geldbeutel.

„Ist das alles, was Sie haben?" fragte ihr Besucher, als sie zurückkam. „Ja, alles." Und wann sie wieder etwas bekäme? – Das wisse sie nicht. Dann wollte er verzichten, seine Mutter könne ihm auch eine alte Jacke flicken.

Mathilda hoffte nun, daß er wirklich auf die rechte Bahn gekommen wäre. Aber an einem stillen Abend klingelte es heftig an ihrer Tür, und Nyemann stürzte herein: Die Polizei sei auf seiner Spur. Er war wieder rückfällig geworden.

Mathilda gab dem Erschöpften zu essen und sprach ernst und eindringlich zu ihm. Sie erinnerte ihn an sein Versprechen, ein braver Mensch zu werden, und appellierte, wie stets, an das Gute, das auch in ihm schlummerte. Er verließ sie, und später erfuhr sie, daß er verkleidet nach Dänemark entkommen war. Nach längerer Zeit schrieb er ihr aus Italien – „Ihr unglücklicher, verlorener Sohn". Die letzte Nachricht erhielt sie aus Australien, wo er sich eine Farm gekauft hatte. Dann blieben die Briefe aus, und Mathilda nahm an, daß er gestorben war.

Toivola

Die Not der entlassenen Gefangenen lag Mathilda besonders am Herzen. Wohin sollten sie sich wenden, wer gab ihnen Arbeit, wer nahm sie auf? Mißtrauen – oft nicht unbegründet – konnte sie leicht wieder auf die falsche Bahn treiben.

An ihrem zweiundzwanzigsten Geburtstag, einem herrlichen, sonnigen Märztage mit schimmerndem Rauhreif, den sie auf Rabbelugn verlebte, forderte der Vater sie zu einem Spaziergang auf und führte sie einige Kilometer am Ufer des Kymmene entlang zu einem leerstehenden Haus. Dieses Haus war ein Geburtstagsgeschenk; es sollte unter ihrer und ihres Bruders Henrik Leitung ein Heim für entlassene Gefangene werden. Konnte man Mathilda ein schöneres Geschenk machen? Sie ging sofort an die Arbeit und widmete nun alle Zeit und Kraft, die ihr die Besuche in den Gefängnissen übrigließen, dem Heim Toivola. Oft legte sie selbst mit Hand an und war auch hier mit ganzem Herzen bei der Sache.

Aber sie mußte erfahren, daß es nicht so leicht war, Menschen, die nach Jahren der Haft plötzlich ihre Freiheit zurückgewannen, wieder in ein geordnetes Leben einzugliedern und diese oft unbändigen und schwierigen Gesellen zu leiten. Hier war sie nicht, wie im Gefängnis, die immer Gebende, die zu trösten und zu lindern versuchte, hier mußte sie fordern, anordnen, erziehen. Und dabei stieß sie auf manchen harten Widerstand.

Während einer Abwesenheit ihres Bruders galt es, den Hafer zu walzen. Lundquist, dem diese Arbeit anbefohlen war, behauptete, sie ohne Hilfe nicht ausführen zu können. Als Mathilda ihm diese als unnötig versagte, meinte er, man sähe wieder einmal, daß vornehme Leute nichts von der Arbeit verständen. Am folgenden Morgen ließ Mathilda sich ein Pferd vor die Walze spannen und machte sich selbst daran, die Arbeit zu verrichten. Die Männer sahen neugierig zu, als sie den Hof verließ. Welches Vergnügen, wenn sie versagte! Aber ihr eiserner Wille siegte auch hier. Als Lundquist ihr beschämt die Ablösung anbot, wollte sie nichts davon wissen – er habe anderes zu tun. Am Abend war der Hafer fertig gewalzt. Wie müde und zerschlagen Mathilda sich fühlte, ließ sie freilich nicht erkennen.

Ein anderes Mal, sie war wieder allein, hatte sie Sand auf den vom Regen durchweichten Hof fahren lassen. Als sie die Arbeit bemängelte, ließen die Männer Pferd und Wagen stehen und gingen in die Werkstatt. Dorthin folgte ihnen Mathilda. Ein Arbeiter saß auf einem Klotz und hatte die Axt vor sich liegen. „Sie dürfen das Pferd nicht draußen stehen lassen!" sagte Mathilda. Da erhob sich der Mann und zielte mit der Axt auf sie. Ruhig, aber sehr fest, befahl sie ihm, die Axt augenblicklich fortzulegen. Wortlos gehorchte er. Dann beauftragte sie einen andern, das Pferd in den Stall zu führen: „Ich will nicht, daß dieser Mann es tut, wenn er so roh sein kann." Im Hinausgehen sagte sie dann zu ihm: „Und wir beide werden wohl am besten unter vier Augen miteinander reden." Wartend saß sie in ihres Bruders Zimmer. Was sollte sie tun, wenn der Missetäter nicht kam? Aber nach wenigen Minuten erschien er und bekannte freimütig: „Ich habe sehr unrecht getan."

Es war ein großes Glück, daß „das Fräulein" mit beiden Füßen fest im Leben stand und auch den praktischen Anforderungen gewachsen war. So blieb sie immer Herr der Lage, auch wenn zum Beispiel einer der Männer behauptete, er könne ihr geliebtes Pferd „Stern" nicht besser putzen, weil es beiße und um sich schlüge. Da stellte sie sich selbst in den Stall und hantierte so geschickt mit Striegel und Kardätsche, als sei es ihre tägliche Beschäftigung.

Aber sie erlebte auch manche Freude. Die folgende Begebenheit wird uns, wie die vorhergehenden, von Ingeborg Maria Sick erzählt: Einmal galt es, einen hohen Geldbetrag zur Post zu bringen. Einer der Männer von Toivola kutschierte; Mathilda Wrede saß neben ihm im Einspänner. Lange fuhren sie durch einen tiefen, dunklen Wald. Da wandte der baumlange, nicht sehr vertrauenerweckende Geselle sich zu ihr und fragte, ob es wahr sei, daß sie einen Geldbrief mit einer hohen Summe bei sich habe. „Ja", erwiderte Mathilda, er müsse befördert werden. Ob sie denn nicht wisse, daß er ein Bandit sei, der um wenige Mark Leute ausgeplündert und niedergeschlagen habe, und ob sie ihn denn nicht fürchte?

„Nein", war die ruhige Antwort, sie fürchte sich gar nicht; denn sie wisse ja, daß der Mensch, der damals Schlechtes getan habe, nun ein ganz anderer geworden sei. Zuerst herrschte tiefe Stille zwischen ihnen – man hörte nur die Hufe des Pferdes auf dem weichen Waldboden –, aber dann schluchzte der Mann laut auf: „Ist es wirklich wahr, daß Sie mir vertrauen?" Und als Mathilda bejahte, sprach er vor sich hin: „Sie vertraut mir! Sie vertraut mir! Dann soll Gott mir helfen, ein anderer Mensch zu werden. Nun will ich es wirklich!"

Nachdem im Jahre 1888 Mathilda Wrede einen Freifahrtschein für alle finnischen Eisenbahnen erhalten hatte und auf diese Weise nicht nur alle Gefängnisse, sondern auch die Angehörigen ihrer „Freunde" besuchen konnte, sah sie ein, daß sie infolge ihrer häufigen Abwesenheit auf die Leitung von Toivola verzichten müsse. Sie übertrug daher die alleinige Führung des Heimes ihrem Bruder Henrik.

Reise nach Petersburg und England

Im Sommer 1890 wurde Mathilda Wrede als einziges weibliches Mitglied der zweiten Sektion zu dem großen internationalen Kongreß nach Petersburg abgeordnet, auf dem sich die höchsten Vertreter des Gerichts- und Gefängniswesens aus Europa und Übersee begegneten, um über Strafvollzug und Gefängnisfürsorge zu beraten. Die Teilnehmer wurden in den Räumen des Adligen Klubs vom Zaren, der Zarin-Mutter und verschiedenen anderen Fürstlichkeiten empfangen. In ihrem schlichten grauen Gewand stach Mathilda von der glänzenden Gesellschaft sehr ab, und sie begegnete vielen erstaunten Blicken, als sie unter lauter Männern ihren Platz am Versammlungstisch einnahm.

Mathilda fand bald Gelegenheit, mit einflußreichen Kongreßmitgliedern über die Notwendigkeit geistlicher Betreuung der Gefangenen zu sprechen. Bei diesen Gesprächen und auch in den Vorträgen wurde ihr klar, wie wenig man ihr eigentliches Anliegen verstand. Vielleicht war Mathilda Wrede überhaupt als einzige in das Seelenleben dieser unglücklichen Menschen wirklich eingedrungen; jedenfalls war sie es, die für die wirklichen Bedürfnisse der Gefangenen eintrat.

Der Vertreter Frankreichs wurde mit besonderem Entgegenkommen und großer Aufmerksamkeit behandelt. In seinem Vortrag hatte er betont, wie viele hoffnungslose Fälle es gäbe, Kranke und Verbrecher, bei denen „nichts zu machen" sei, und die man besser unschädlich machen sollte. Er hatte mit glänzender Beredsamkeit vor einem fast andächtigen Auditorium gesprochen. Mathildas Inneres aber war ein einziges Nein, und sie wußte mit einem Mal, daß sie hier und jetzt sprechen müsse.

Als sie dann am Rednerpult stand, angesichts all dieser fremden hohen Persönlichkeiten gezwungen, ihre Gedanken französisch zu ordnen und auszudrücken, erging es ihr genauso wie damals bei ihrer ersten Ansprache in Kakola: Alles Eigene fiel von ihr ab, ein anderer sprach durch sie.

Sie sagte wörtlich: „Meine Herren! Es gibt ein Mittel, durch welches jeder Verbrecher ein anderer Mensch werden kann, selbst solche, die unverbesserlich genannt werden. Dieses Mittel ist die Kraft Gottes. Gesetze und Vorschriften können das Herz keines einzigen Verbrechers ändern, aber Gott kann es. Ich bin überzeugt, daß man sich viel mehr als bisher und vor allem mit den Seelen der Gefangenen und mit ihrem geistlichen Leben beschäftigen sollte."

Der hallende Beifall, der ihr gezollt wurde, galt wohl mehr der Person der jungen Kämpferin als ihren Forderungen; aber aus manchen Worten spürte sie doch, daß sie in einigen Herzen ein Echo gefunden hatte.

Als die Kongreßteilnehmer zur Besichtigung des herrlichen Schlosses Peterhof eingeladen waren, hatte Mathilda eine kindliche Freude daran, den Ehrenplatz in einer der schönen Equipagen einzunehmen, die von vier Schimmeln, den Krönungspferden der Kaiserin, gezogen wurde. Wie hatte sie schon vorher die prachtvollen Tiere bewundert!

Nach einem feierlichen Empfang, bei dem der Gastgeber, Prinz von Oldenburg, sich lange mit Mathilda unterhielt, trat ihr „Gegner", der französische Abgesandte, auf sie zu, um ihr ein kostbares, in weißes Leder gebundenes

Buch zu überreichen, in dem er seine Gedanken zu dem Thema des vorausgegangenen Vortrags noch ausführlicher niedergelegt habe. Auch der Zar habe ein solches Exemplar entgegengenommen. Mathilda dankte ihm sehr höflich für seine Liebenswürdigkeit, ersuchte ihn aber, diese wertvolle Gabe lieber einem Menschen zuzuwenden, der sie besser würdigen könne; er habe ja gesehen, wie grundverschieden ihre Ansichten seien, so fühle sie sich nicht in der Lage, seinen Darlegungen das rechte Verständnis entgegenzubringen.

Als der Kongreß seinem Ende entgegenging, erhielt auch Mathilda eine Einladung zu einem Fest mit dem Vermerk: „Die Damen in großer Toilette." Sie brauchte nicht lange zu überlegen, um sich darüber klar zu sein, daß eine solche Festlichkeit mit ihrer Lebensführung nicht im Einklang stand. Sie sagte also ab, und auch als man ihr verständlich machen wollte, wie unmöglich eine solche Ablehnung sei, zumal ihr Platz am Tisch der Majestäten schon bestimmt wäre, blieb sie fest.

Ihre Abreise aus Petersburg mußte dann sehr plötzlich erfolgen. Anscheinend war ein Spion ihr auf den Fersen, und sie schwebte in ernster Gefahr. Von einem hochstehenden belgischen Juristen gewarnt und dringend gebeten, in aller Eile Petersburg heimlich zu verlassen, begab sie sich sofort in die Wohnung ihres Gastgebers, des Oberst Paschkoff, der damals wegen seines Glaubens landesverwiesen war, packte in aller Eile ihren kleinen Koffer und erreichte auf schnellstem Wege den Bahnhof, um mit dem nächsten Zuge die russische Hauptstadt zu verlassen und wieder zu ihrer geliebten Arbeit zurückzukehren.

Bei ihren Besuchen in den finnischen Gefängnissen hatte Mathilda Wrede einen Dr. Baedecker kennengelernt, der sich in England um die Nöte der Gefangenen kümmerte. Im Jahr 1891 erhielt sie die Erlaubnis des englischen Ministeriums des Inneren, alle Gefängnisse in Großbritannien zu besuchen. In England angekommen, trat sie sofort mit dem ihr bekannten Geistlichen, Dr. Baedecker, in Verbindung. Dann unternahm sie eine Rundreise, die sie durch die englischen Gefängnisse führte, und traf schließlich in London ein, wo sie an hervorragenden Persönlichkeiten Lord Radstock, Lady Somerset, Fürst Krapotkin und die neunzigjährige Mrs. Hanbury kennenlernte, die Freundin von Elisabeth Fry, mit der zusammen sie früher die Gefängnisse besucht hatte. Elizabeth Fry war in der Gefangenenfürsorge bahnbrechend gewesen und hatte mit der Zeit durchgreifende Änderungen in der Behandlung der Gefangenen erreicht; beim Bau neuer Gefängnisse und bei der Reform des Strafrechts hatte man auf ihre Ratschläge gehört. So war es außerordentlich wichtig für Mathilda, daß sie durch die alte Dame unmittelbar mit der großen Lebensleistung ihrer Vorgängerin bekannt wurde.

In der vornehmen Gesellschaft Londons wurde Mathilda gebeten, von ihrer Tätigkeit in den finnischen Gefängnissen zu erzählen; aber dies kostete sie übermäßige Anstrengung, da ihre Gesundheit angegriffen war. Sie zog es vor, die Elendsquartiere in White Chapel und London East zu besuchen. In den dortigen großen „lodging-houses" fand sie unter den fünfhundert Insassen so schrecklich heruntergekommene Gestalten, wie sie ihr niemals vorher begegnet waren. Als Mathilda sich unter ihnen Gehör verschafft hatte und, wenn auch stockend, in mangelhaftem Englisch von ihren Erlebnissen in Kakola erzählte, versammelten sich immer mehr dieser verkommenen Gestalten, um ihren Worten zu lauschen. Leiblich und seelisch sehr angegriffen, sehnte sie sich nun immer mehr nach der Heimat, um alle Liebe, wie sie nach Hause schrieb, „auf Freie und Gefangene ausströmen zu lassen. Vielleicht muß mein Leib zerbrochen werden, damit dies geschehen kann; aber was tut das, wenn nur andere dadurch geistlichen Segen erhalten!"

Zu Gast bei Entlassenen

Nach einer längeren Erholungszeit im Hause ihres Vaters trat sie eine Reise nach Österbotten an, wo sie in das Haus eines früheren Sträflings, Isotalon, eingeladen war. Dieser war ein besonderer Mann, den Mathildas Vater schon einmal mit der Aufgabe betraut hatte, den großen Jahrmarkt von Vasa zu beaufsichtigen. Er war durch seine unglaublich kühnen Taten zu einem Volkshelden geworden, aber wegen schwerer Unbotmäßigkeit und Gewalttätigkeiten ins Gefängnis gekommen. Als ihm Mathilda in Kakola zum erstenmal begegnete, trat er mit starkem Eisengerassel seiner Fesseln hastig auf sie zu, fuhr ihr mit den Händen beinahe ins Gesicht und rief: „Ihr habt die Augen des Gouverneurs!"

Jedoch gewann er allmählich eine fast freundschaftliche Hochachtung für „das Fräulein" und lud Mathilda beim Abschied aus dem Gefängnis ein, ihn zu besuchen. Als Mathildas Reiseplan sich unter den Gefangenen herumsprach, sagte ein ehemaliger Zellennachbar des Isotalon zu ihr: „Es schickt sich nicht, daß Sie dort absteigen, Fräulein; denn in jenem Hause haben Mordversuche und viele blutige Schlägereien stattgefunden." Mathilda aber ließ sich nicht abschrecken und fuhr nach Härmä, dem Kirchspiel in Österbotten, in dem Isotalon zu Hause war.

Sie hatte sich telegrafisch angemeldet. Als sie auf der kleinen Bahnstation ausstieg, sah sie die hünenhafte Gestalt ihres alten Bekannten zwischen einer ganzen Schar ehemaliger Gefangener. Sie waren alle feierlich „aufgebaut", aber niemand rührte sich zu ihrer Begrüßung. Erst als sie, recht befremdet, auf die Gruppe zuging und ihnen einige freundliche Worte zurief, flogen die Mützen von den Köpfen, und viele Hände streckten sich ihr entgegen.

Ob man sie denn zuerst nicht erkannt hätte, wollte sie wissen. Da erklärte der Anführer ihr, er habe die Parole ausgegeben, sich nicht zu rühren, solange der Zug hielt. Man konnte doch nicht wissen, ob es Fräulein Wrede angenehm sei, wenn die Mitreisenden sähen, daß sie alle ihre Bekannten wären. Aber nun hätten sie ja bemerkt, daß sie sich nicht ihrer schäme.

Ihr Besuch wurde zu einem Fest für alle Umwohner. Das Haus stand offen, Kaffee wurde ausgeschenkt, und am Nachmittag sollte Mathilda eine Bibelstunde halten. Viele ihrer alten Freunde, aber auch Fremde, versammelten sich um sie, und sie feierte manch bewegtes Wiedersehen.

Gegen sieben Uhr begab man sich schon zur Ruhe. Das Zimmer, in dem Mathilda schlafen sollte, lag hinter einem großen Saal. Ein wenig seltsam war ihr doch zumute, als sie draußen noch laute, streitende Stimmen hörte und an den Ruf des Hauses dachte. Eine Weile zögerte sie noch sich hinzulegen; dann aber gebot draußen der Hausherr mit dröhnender Stimme Ruhe, und nun wurde es still. Plötzlich vernahm sie schlürfende Schritte, und es schien ihr, als ob ein schwerer Körper sich vor ihrer Tür niederlasse. Danach regte sich im Hause nichts mehr. So befahl sie sich in die Hände dessen, der sie in allen Lebenslagen so wunderbar behütet hatte, und schlief traumlos bis zum Morgen.

Als sie am folgenden Tage frühzeitig aufstand, erfuhr sie, daß Isotalon die ganze Nacht hindurch auf ihrer Schwelle die Ehrenwache gehalten hatte.

Noch mehrere Male war Mathilda bei Isotalon zu Gast und führte viele ernste und eingehende Gespräche mit diesem vorher so gefürchteten Mann. Jahre hindurch unterhielt sie mit ihm einen geistlichen Briefwechsel. Als Epilog dieser Begegnungen berichtet uns Evy Fogelberg, daß Mathilda im Winter 1921 in Helsingfors im Siechenhause ein altes Fräulein traf, das sie folgendermaßen anredete: „Ich kenne Sie wohl, Fräulein. Als Sie zum erstenmal zu Isotalon nach Härmä reisten, arbeitete ich in jener Gegend in einem kleinen Laden und sah Sie mit ihm vorüberfahren. Da wunderte ich mich, daß das Fräulein mit ihm fuhr und es wagte, in seinem Hause zu wohnen, in dem doch so viel Schauriges geschehen war. Sie wissen wohl, Fräulein, daß er vor seinem Tode ein gläubiger Mensch geworden ist, den alle achteten. Die große Veränderung, die mit ihm vorgegangen ist, wurde Ihnen zugeschrieben."

Im Herbst führte eine Reise sie in eine ostfinnische Stadt, in deren Bezirk ein Zigeuner lebte, den sie in Kakola kennengelernt hatte. Er litt damals an einer ernsten Augenkrankheit, und Mathilda hatte ihm angeboten, nach seiner Entlassung die Kosten für seine Behandlung im Krankenhaus zu übernehmen. Aber das wilde Blut des Mannes ließ ihm dort keine Ruhe, und ehe die Kur beendet war, trieben Heimweh und Wanderlust ihn zu seinem Stamm zurück. Mathilda hatte ihm versprechen müssen, ihn zu besuchen, wenn sie einmal in seine Nähe käme.

In einer Straße der Stadt traf sie einen jungen Zigeuner, bei dem sie sich sofort nach dem augenkranken Landsmann erkundigte. Der Junge wußte Bescheid: Sicher sei sie Mathilda Wrede; der Mann sei ein Verwandter, und er würde ihm noch am selben Abend von der Begegnung mit ihr berichten.

Als Mathilda am folgenden Morgen in ihrem Hotel am Frühstückstisch saß, wurde ihr ein Zigeuner gemeldet. Wer beschreibt das Entsetzen der Kellnerin, als die Baronin Wrede „den Kerl" an ihren Tisch holte, um ihn wie einen lieben Gast zu bewirten! Strahlend erzählte er, daß er mit seinem eigenen Gefährt gekommen sei, um sie abzuholen; der ganze Stamm würde versammelt sein, um sie zu begrüßen. Mathilda schickte dem mageren Gaul, der vor einen recht fragwürdigen Karren gespannt war, Schwarzbrot hinunter und bereitete sich auf die abenteuerliche Fahrt vor.

Die Unternehmung machte ihr großen Spaß, während das Hotelpersonal es sehr mißbilligte, daß der vornehme Gast in einem solchen Aufzug durch die Stadt fuhr. Der hinfällige Klepper trug mächtige Scheuklappen und um den Hals ein mit Schellen besetztes Band. Die eine Gabel der Einspännerdeichsel war notdürftig mit Weidenruten geflickt, mehrere Radspeichen mit Stricken zusammengebunden. Aus allen Fenstern guckten lachende Menschen zu, wie Mathilda Wrede mit Hilfe eines Stuhles den hohen Karren erklomm. Dann ging es in gemütlichem Trab durch die Stadt und den Wald bis zu dem Gehöft, in dem die Zigeuner wohnten.

Mathilda und ihr Reisegefährte wurden bald von schwarzäugigen Frauen und Kindern umdrängt, und sie mußte in die große Stube eintreten, in der ein sauberer Kaffeetisch mit hübschem Geschirr gedeckt war. An der Spitze der Tafel saß ein alter Zigeuner; vor ihm lag eine aufgeschlagene Bibel. Er konnte nicht lesen, wollte aber auf diese Weise seinen Gast ehren.

Beim duftenden Kaffee saß man gemütlich plaudernd beisammen. Wie strahlte der Gastgeber, als Mathilda in ihrer frischen Art seinen Sohn beim Namen nannte; sie erinnerte sich noch genau an alles, was der Vater ihr in Kakola von seinem Sohn erzählt hatte. Mathilda ließ die Gespräche in einer Bibelstunde ausklingen, und nach einem guten Mittagessen fuhr sie wieder in der gebrechlichen Kutsche in die Stadt zurück. Vater und Sohn, die sie begleiteten, sangen unterwegs, von Mathilda angeregt, mit schmetternden Stimmen ihre Zigeunerlieder. Da kam ihnen – es war Sonntag – ein Wagenzug mit Kirchenbesuchern entgegen, die aus der Stadt heimkehrten. Die Komik und Eigentümlichkeit ihrer Lage bedrückte Mathilda, und so bat sie ihre Gefährten, ihren Gesang zu unterbrechen, um die Gefühle der Fremden, die soeben an einem Gottesdienst teilgenommen hatten, nicht zu verletzen. Augenblicklich verstummten beide, und erst als sie außer Hörweite gekommen waren, sangen sie nach Herzenslust weiter.

Matti Haapoja

Lange Zeit gab es in Finnland einen Namen, der nur flüsternd genannt wurde, der einem das kalte Grauen über den Rücken jagte, vor dem sich Erwachsene und Kinder fürchteten. Es war der Name des berüchtigten Räubers und vielfachen Mörders Matti Haapoja. Auch Mathilda hatte schon als Kind von ihm gehört und des Abends in ihrem Bettchen an ihn gedacht, wenn sie Gott bat, sie und ihre Lieben zu schützen. Immer wieder erfuhr man von neuen Greueltaten, die er verübte, bis es endlich der Polizei gelang, ihn zu fangen. Er war ein schöner, riesengroßer Mann, schnell und gewandt und von mächtiger Körperkraft. Nun wurde er nach Sibirien verbannt. Auch dort wurde er jedermanns Feind. Er machte die andern betrunken, während er selbst stets nüchtern blieb, denn er verachtete den Trunk; aber er mordete auch dort. Zwei Morde wurden ihm nachgewiesen, aber man munkelte, daß er sechs oder sieben Menschen umgebracht habe.

Man verhaftete den gefährlichen Verbrecher aufs neue und brachte ihn in die Heimat zurück, um ihn dort eine noch schwerere Strafe verbüßen zu lassen. Im „großen Eisen", an Händen und Füßen gefesselt, kam er in eine Einzelzelle. Die beiden Wärter, die ihn zu beaufsichtigen hatten, wagten sich nicht zu ihm hinein. Aber Mathilda Wrede begehrte auch hier Einlaß. Nur zögernd gab man ihr die Erlaubnis; denn es galt als lebensgefährlich, sich in Matti Haapojas Nähe zu begeben. Sie aber hatte keine Angst, sondern nur den einen heißen Wunsch, auch diesen großen Sünder zu Gott zu führen, damit auch er gerettet würde.

Als Mathilda eintrat, lag er in eine grobe graue Decke gewickelt auf seiner Pritsche und hatte sein Gesicht verhüllt. Leise legte sie die Hand auf seine Schulter und fragte ihn, ob er schlafe oder ihm nicht wohl sei. Da fuhr der Riese jäh empor und stand nun in seiner ganzen Größe ragend vor ihr, so daß sie, die selbst hoch gewachsen war, sich klein und schmächtig vorkam. Wer sie sei und was sie von ihm wolle, fragte er. Sie antwortete schlicht, sie möchte sich nur erkundigen, ob er in Sibirien mit dem einen oder anderen ihrer Freunde zusammengestoßen sei und ihr sagen könne, wie es ihnen ginge – und sie nannte einige Namen.

„Dann heißen Sie Mathilda und sind die Tochter des Gouverneurs von Vasa!" Er habe ihren Vater gekannt, fuhr Matti Haapoja fort, er sei ein schöner, stattlicher Mann gewesen. Und sie – geringschätzig blickte er auf Mathilda herab. Sie lächelte: „Es können nicht alle so schön und so stattlich sein wie mein Vater und – Matti Haapoja!"

Von ihrer frischen, natürlichen Art überrascht, setzte sich Haapoja auf den Rand seiner Pritsche. Da bemerkte Mathilda, es sei doch nicht sehr freundlich, daß er sie stehen lasse.

Er habe keinen Stuhl, den er ihr anbieten könne, antwortete er, und sich neben ihn zu setzen, wage niemand. Mathilda bat ihn, ein wenig zur Seite zu rücken und ihr Platz zu machen. Mißtrauisch sah er sie an; er wisse schon, was sie wolle, nämlich ihm eine Predigt halten, denn sie habe ja „das Buch" in der Hand.

Mathilda trug ganz gegen ihre Gewohnheit eine Bibel offen bei sich, weil sie einen Kranken besucht hatte. Das erklärte sie ihm. Nun fuhr er fort, er wisse ja, daß sie alles für wahr halte, was in diesem Buch stehe, und ebenfalls,

Gefängnis in Vasa, wo Mathilda Wrede ihre Arbeit anfing.

59

daß sie glaube, alles in der Bibel sei eine Botschaft an die Menschen. Nun möge sie einmal das Buch aufs Geradewohl aufschlagen und ihm dann die Stelle, auf die ihr Blick falle, erklären.

Mathilda erfüllte seinen Wunsch und fand die Worte aus der Schöpfungsgeschichte über die „wüste und leere Erde" und das Wort des Herrn: „Es werde Licht!" Sie sagte nun in ihrer sicheren, ruhigen und vom Geist der Liebe durchdrungenen Art, daß auch das Herz des Menschen von Natur wüst und leer sei und voll dunkler Abgründe, bis es sich hinwende zu Gott und sein Licht das Dunkel hell mache und alle Sehnsucht stille, alle Sehnsucht nach dem Guten und nach Erlösung. So sei es auch mit Mattis Herzen, weil er es noch nicht dem Licht zugewendet habe, und ihm selbst graue vor der Finsternis und den Abgründen. Aber auch für ihn gelte die Botschaft von dem Licht, das die Finsternis vertreiben könne.

Als sie schwieg, erhob sich Matti Haapoja. Er hatte schweigend zugehört, auch als sie von der Erde draußen sprach, die Gott geschaffen hatte, und nach der er, der wilde Sohn dieser Erde, sich so heiß sehnte.

Mit einem Male aber brach der Riese zusammen wie ein gefällter Baum, und Mathilda hörte sein dumpfes Schluchzen und Stöhnen, das nur hin und wieder von unverständlich gestammelten Worten unterbrochen wurde. Es war, als dringe aus unermeßlichen Tiefen der Schrei einer gemarterten Seele. Sie wagte sich nicht zu rühren, zu heilig war diese Stunde, in der in einem verirrten Menschenherzen der große Kampf ausgefochten wurde zwischen dem Teufel und der Gnade des Erlösers.

Endlich verstummte die Stimme des Mannes, der sich auf den harten Boden der Zelle geworfen hatte, und er richtete sich langsam auf. „Nun ist es geschehen", sagte er, „ich habe den ganzen Abgrund vor Ihm aufgetan, das übrige muß Er tun!" Dann bat er sie, ganz still bei ihm zu bleiben, kein Wort zu reden und zu warten, bis die Tore geschlossen würden; denn draußen hätte man ihn sicher gehört und würde nun sagen: Matti Haapoja hat geweint und gebetet, und dann kämen der Geistliche und der Direktor und der Wärter zu ihm; er aber wolle keinen von ihnen sehen. Mathilda blieb schweigend bei ihm sitzen, während die Dämmerung hereinbrach, und Er, der gesagt hat: „Wo zwei oder drei versammelt sind in meinem Namen, da bin ich mitten unter ihnen", machte sein Wort wahr in der Zelle des gefürchteten Raubmörders.

Matti Haapoja wurde zu einem weiteren Verhör nach Tavastehus gebracht. Schriftlich bat er Mathilda, ihn zu besuchen und bis zum Abend zu bleiben, er habe ihr viel zu sagen.

Als sie bei ihm eintrat, meinte er, sie solle bei ihm nicht hungern. Der Wärter habe Milch und Butter besorgt, und auch Brot sei vorhanden. Dann holte er die Bibel, die Mathilda ihm geschenkt hatte, vom Brett herab. Auf dem Buch lag ein Laib Brot. Er habe den Wärter gebeten, das Brot auf die Bibel zu legen; denn seine blutbefleckten Hände sollten nicht das Brot berühren, das für sie bestimmt sei. Nur mit Tränen nahm Mathilda diese mit solcher Zartheit dargebrachte Gabe an.

Nun bat er sie, seine Beichte anzuhören; er habe wohl sein Herz vor Gott ausgeschüttet, aber auch ein Mensch solle alles erfahren, er wolle sich alles von der Seele reden.

Mathilda antwortete, ja, sie wolle ihm zuhören, wenn er glaube, daß er auch vor einem Menschen beichten müsse.

Und Matti Haapoja verschwieg nichts. Vor Mathildas innerem Auge entrollten sich Bilder so unvorstellbar entsetzlicher Verbrechen, daß sie oft fürchtete, nicht mehr zuhören zu können. Aber sie spürte, daß es den Gefangenen innerlich befreite, und Gott gab ihr die Kraft, auch diese furchtbare „Last des andern" mitzutragen. Daß ihr das seelsorgerliche Geheimnis heilig war, wußte Matti Haapoja, darum bat er sie nicht, zu schweigen. Niemand hat jemals etwas von seinem Geständnis erfahren. Das Wissen um diese unbedingte Verschwiegenheit war gewiß auch ein Grund für das schrankenlose Vertrauen, mit dem ungezählte Menschen ihre Seelen vor Mathilda Wrede auftaten.

Mathilda erhielt viele ergreifende Briefe aus der Zelle Haapojas; aus seinen Worten sprach eine feste Verbundenheit mit Gott. Aber in dem Wunsch, seine Verbrechen völlig zu sühnen, setzte er alles daran, wieder nach Sibirien zu kommen. Die dort begangenen Verbrechen ließen ihm keine Ruhe. Es drängte ihn, an Ort und Stelle ein Geständnis abzulegen. Empört darüber, daß der Rechtsanwalt sein Versprechen, für die Verschickung nach Sibirien zu sorgen, nicht gehalten hatte, plante er, seinen Willen dennoch durchzusetzen – und noch einmal brach die Gewalttätigkeit dieser Unnatur durch: Mit Hilfe eines Schustermessers griff er zuerst den Wärter an und verletzte dann sich selbst schwer. Man mußte ihn aufs neue in das „große Eisen" legen. Nein, Mathilda dürfe ihn nicht besuchen, sagten die Wärter, diesmal sei er zu ungebärdig. Aber sie wußte, daß er sie nötiger denn je brauchte.

Als sie bei ihm eintrat, suchte er seine erniedrigenden Fesseln vor ihr zu verbergen. Diesmal würde es wohl zu einem Todesurteil reichen, meinte er, als sie neben ihm saß. Und es sei gut so, dann habe dieses qualvolle Dasein ein Ende. Nun hatte er noch eine Bitte an sie: ob sie ihm zur Richtstätte das Geleit geben würde; den Beistand des

Pfarrers lehne er ab, aber es wäre ihm ein großer Trost, wenn sein letzter Blick vor dem Sterben auf Mathilda fiele. Sie sagte: ja, wenn es ihm eine Erleichterung bedeute, sei sie bereit, es zu tun.

Als sie ihn bald darauf wieder besuchte, schien ein Gedanke ihn sehr zu beschäftigen. „Kann ein Mensch, der kein gesundes Herz hat, krank werden oder gar sterben, wenn er etwas miterleben muß, das ihn sehr aufregt?" fragte er und blickte Mathilda forschend an. – Ja, das sei wohl möglich. – Dann dürfe sie keinesfalls tun, worum er sie neulich gebeten habe; denn ihr Leben sei viel zu kostbar, um es zu gefährden. Mathilda jedoch bestand darauf, Wort zu halten, wenn sie ihm auch nur den geringsten Trost damit geben könne. „Ich weiß, Sie halten immer Wort", erwiderte Matti, „dann muß ich eben sehen, wie ich es auf andere Weise hindern kann."

Ein schrecklicher Verdacht stieg in Mathilda auf, und sie bat ihn ernstlich, nicht Hand an sich zu legen. Da suchte er sie zu beruhigen und abzulenken. Bei ihren weiteren häufigen Besuchen war sie immer bestrebt, diese dunkelste Tat zu verhindern, und es schien, als habe Matti den Plan aufgegeben.

Eines Tages aber machte er doch seinem Leben ein Ende und starb in seiner Zelle. Er, der mit kalter Hand sieben Morde begangen hatte, konnte sich nicht mit dem Gedanken abfinden, daß Mathilda Wrede um seinetwillen Schaden litte.

Wieder auf Reisen

Mathilda Wrede hatte hoch im Norden, in Karelien, ein kleines Gut gekauft. Evy Fogelberg berichtet über den Grund dieser Erwerbung, daß sie einem unglücklichen ehemaligen Gefangenen Aufmunterung und Hilfe, Arbeit und eine neue Hoffnung geben wollte. Es handelte sich um einen fein veranlagten, edelgesinnten Menschen, der mit Selbstmordgedanken umging, weil er den Glauben an das Leben, an sich selbst und an Gott verloren hatte. Er selbst hat später bekannt, daß Mathilda Wrede sein inneres und äußeres Leben vor dem Untergang gerettet habe. Nach seiner Entlassung aus dem Gefängnis hatte er in seiner Menschenscheu selbst diese Stelle in Ostkareliens öder Wildnis gewählt.

Auf der Reise dorthin begegnete Mathilda Wrede im Zug einer Gruppe von jungen Leuten, die leichtfertige Reden führten und die Bibel verspotteten, als sie sahen, daß Mathilda darin las. Unter Mathildas Blick verstummten sie zunächst, aber bald darauf setzten sie ihr herausforderndes Geschwätz fort. Da sprach Mathilda zu ihnen: „Gegen meinen Willen war ich lange gezwungen, Ihre gedankenlosen Äußerungen anzuhören. Nun fordere ich meinerseits, daß Sie alle zuhören, wenn ich Ihnen einige Zeilen aus dem Buch vorlese, über das Sie eben gespottet und gelacht haben." Und dann las sie eine Bibelstelle, die sehr geeignet war, den jungen Menschen ins Gewissen zu reden. Die Gesellschaft verstummte, und nach einiger Zeit zog sich einer nach dem andern aus dem Abteil zurück. So benutzte sie jede ihr dargebotene Gelegenheit, um für das Evangelium einzutreten.

Dem jungen Paar in der Einöde – der frühere Häftling hatte inzwischen geheiratet – stand sie mit Rat und Tat zur Seite. Beide Eheleute hatten den besten Willen, die ihnen anvertraute Scholle in einen Musterhof zu verwandeln; aber die junge Frau, die aus Schweden stammte, ertrug die Einsamkeit nicht. Ihr Gemüt verdüsterte sich, und sie entfloh. Der verlassene Gatte konnte nichts anderes tun als ihr folgen. So war diesmal Mathildas gute Absicht gescheitert.

Mathilda Wrede scheute keine Strapazen, wenn es galt, ihr Ziel zu erreichen. Wenn ihr Kutscher erklärte, daß eine Weiterfahrt unmöglich sei, stieg sie vom Wagen und drang zu Fuß durch Wald und Dickicht, um zu ihren Schützlingen zu gelangen. Gute Freunde statteten sie reichlich mit Geld, Büchern und praktischen Dingen aus, mit denen sie den oft bitter armen Familien Hilfe bringen konnte.

So kam sie einmal in ein Haus, in dem große Not herrschte. Die Kinder spielten zerlumpt, dennoch vergnügt draußen; aber die Kuh war krank, und was das für die Leute bedeutete, wußte Mathilda. Daß sie es verstand, das leidende Tier gesund zu machen, war die größte Freude für die staunenden Besitzer, und die Frau fragte sie, ob sie denn nicht zu den „wirklichen" Herrenleuten gehörte; denn die könnten doch sicher so etwas nicht. „O doch", lächelte Mathilda.

In einem kleinen Haus am Rande einer Wiese wohnte ein altes Ehepaar, das zu den Stillen im Lande gehörte. Sie hatten einen großen Schmerz erlebt: Ihr Sohn, ein lieber, fleißiger junger Mann, war schwer erkrankt. Fieber und qualvolle Kopfschmerzen hatten ihm das Arbeiten unmöglich gemacht, und das zur Zeit der Ernte! Seine Eltern schonten ihn, aber die Schwägerin, die ihm nicht wohlgesonnen war, spöttelte und stichelte, schalt und zankte, bis er, in seinem schwerkranken Zustand aufs äußerste gereizt, sie in blinder Wut erschlug. Kaum war die furchtbare Tat geschehen, so wurde ihm klar, wie sehr er sich versündigt hatte. Elend wie er war, stellte er sich sofort der Polizei. Man kannte ihn und seine frommen Eltern in der Gemeinde, und jeder war davon überzeugt, daß er nur im Fieberwahn zum Mörder geworden war. Er bat Pfarrer und Gemeinde um ihre Fürbitte. Dann kam er nach Kakola. Dort lernte er Mathilda kennen.

Nun besuchte sie die tiefgebeugten Eltern und konnte ihnen nicht genug von ihrem Sohn erzählen. Als sie Abschied nahm, gab die Mutter ihr ein paar Bibelworte mit, die sie ihrem Sohn als „Wegzehrung" sandte.

Überall, wohin sie kam, verbreitete sie Freude und Liebe. Einer der früheren Gefangenen trug sie strahlend über die Schwelle seines Hauses, um sie seiner Frau vorzustellen. Und dann mußte sie alles besichtigen vom Geflügel bis zu den Fohlen draußen in der Koppel, und alle fühlten, daß sie wirklich und von ganzem Herzen Anteil nahm. Die Saat der Liebe ging reichlich auf.

Nicht nur Menschen gegenüber trat Mathilda Wrede unerschrocken auf; in ihrer Natur- und Gottverbundenheit empfand sie auch in der Wildnis der Wälder und Sümpfe keine Angst; ja, sie hatte eine fast kindliche Freude an gelegentlichen Abenteuern.

Auf einer Wanderung durch die schier grenzenlosen Wälder Ostfinnlands wurde sie vor einer Bärin gewarnt, die von ihrem Jungen begleitet umherstreiche. Bisher habe das Tier noch keinen Menschen angefallen, aber es sei doch nicht ungefährlich. Eine Begegnung mit Bären in freier Wildbahn war für Mathilda verlockend, wenngleich sie sich eines leisen Gruselns nicht erwehren konnte. Unter Führung eines früheren Strafgefangenen, der ihr Gepäck trug, durchschritt sie das von Erlen bewachsene Sumpfland. Ein Geräusch ließ sie aufhorchen, und sie war schon darauf gefaßt, im nächsten Augenblick den Bären gegenüberzustehen. Wirklich schimmerte etwas Braunschwarzes durch die Erlenstämme, und das Geräusch verstärkte sich – aber es waren keine Bären, sondern sieben Auerhähne, die vor ihr aufgingen. So erleichtert sie war, so enttäuschte es sie doch, daß statt des erwarteten Großwildes friedliche Auerhähne sie in Schrecken versetzt hatten.

Mathilda Wrede liebte die Natur sehr, und die großartige, wilde Schönheit mancher abgelegenen Landstriche ihrer Heimat zog sie stark an. In der tiefen Einsamkeit am brausenden Wasserfall des Kivakkakoski verweilte sie lange. Mächtig donnerten die Wasser über die Felsen herab, während der Berg Kivakkantunture sein gewaltiges Haupt in den Himmel streckte. Der Berg war ihr ein Gleichnis ewigen Friedens, das tosende Wasser ewigen Fragens und Treibens. Eine Gipfelbesteigung dieses Berges wurde ihr zum tiefen Erlebnis von Gottes Schöpfung.

Sie ließ sich bis hin zum Wasserfall rudern. Gastfreundlich nahm man sie und die Ruderer auf, doch war die Verständigung mit den Bewohnern jener entlegenen Gegend nicht leicht.

Mathilda, die immer für ihre Mitmenschen da war, bereit, sie anzuhören, bereit, ihnen von dem Reichtum ihres Herzens mitzuteilen, freute sich, hier, nahe der russischen Grenze, in der Unendlichkeit der Wälder einmal sich selbst überlassen zu sein und nur Gottes Nähe zu spüren. Zeiten der Stille sind Zeiten des inneren Aufnehmens, der Sammlung, gerade für jene Menschen, die für viele zum Segen werden sollen.

So war sie einmal in der Frühe aufgebrochen, um bis zum Mäntyjökifluß zu gelangen, einem Nebenfluß des Paanjervi. Dort, wo sich beide Flüsse vereinigen, wollte sie am Ufer zurückwandern. Bezaubernd umfing sie die Unberührtheit eines Morgens im Walde, und Mathilda nahm alle Schönheit dankbaren Herzens in sich auf. Nach stundenlangem Umherstreifen durch Waldungen und Dickicht bemerkte sie, daß sie den Weg verfehlt hatte. Da hörte sie Schritte. Aber es war kein Waldarbeiter, wie sie angenommen hatte, sondern plötzlich stand wie ein Bild aus Urzeiten ein mächtiger Elch vor ihr. Ungezählte Fliegen umschwärmten den König des Waldes; denn er war von eiternden Wunden bedeckt. Einen Augenblick dachte Mathilda daran, daß einsame Elche bösartig sind; aber ihr geschah nichts. Sie und der Elch betrachteten sich kurze Zeit, dann entfernte sich das edle Wild. Endlich gelangte Mathilda doch an den Fluß und kehrte am Abend mit neuer Energie und Zuversicht wieder in ihr Gasthaus zurück.

Die Wirtin hatte die Schar Waldarbeiter, die hier eine Parzellierung vornehmen sollten, aufgefordert, sich in der großen Stube zu versammeln. Mathilda freute sich, den andächtig lauschenden Männern zu ihrem Lieblingstext Johannes 3,16 eine Ansprache halten zu können.

Immer wieder kam es ihr gerade in dieser wilden Gegend zugute, daß sie als Landkind gelernt hatte, Hindernisse zu überwinden. Sie hatte beschlossen, eine Familie aufzusuchen, bei der ein hundertjähriger Runensänger lebte. Der Weg dorthin führte durch Sümpfe und über schlechte Waldwege. Mathilda entschloß sich also zu reiten. Sie erhielt ein Pferd, das als sicher in diesem Gelände galt. Zuerst wurde das Tier an ein Boot gebunden, in dem Mathilda sich über den See rudern ließ. Dann stieg sie auf, und der abenteuerliche Ritt begann. Aber diesmal hieß es doch umkehren; denn als man nach Stunden den Sumpf erreichte, erwies es sich, daß das Pferd vor dem unsicheren Boden und den glatten Balken, die über den Morast gelegt waren, zurückschreckte. In ängstlichen Sprüngen versuchte es vorwärtszukommen, und der Junge, der Mathilda begleitete, gestand, daß ihm das Tier fremd sei – es wäre erst vor kurzem angeschafft worden.

Ein anderes Mal traf sie ein paar zerlumpte Kinder, die – offensichtlich krank – allein am Wasser spielten. Auf ihre Frage erfuhr sie, daß die Eltern immer erst am Abend heimkehrten, wenn die Arbeit auf dem weit entfernten Großhof beendet war. Die Not dieser Kleinen griff Mathilda ans Herz, und sie suchte sofort die Arbeitsstelle der Eltern auf. Freundlich und bestimmt bewog sie die Arbeitgeber, am kommenden Morgen die Mutter mit ihren kranken Kindern in das ziemlich entfernt gelegene Krankenhaus der Gemeinde zu schicken. Die Hofbesitzer erklärten sich willig bereit, ihr Fuhrwerk zur Verfügung zu stellen. Mathilda versprach, die Kosten der Behandlung zu übernehmen, und die arme Frau war überglücklich. Befriedigt begab sich Mathilda zur Ruhe; aber sie hielt es nicht lange auf ihrem Lager aus, denn es wimmelte von Ungeziefer. Trotz ihrer großen Müdigkeit erhob sie sich und beschloß, den Rest der Nacht im Schaukelstuhl zu verbringen, den sie im Zimmer fand. Das Zimmer lag zu ebener Erde.

Gegen Morgen schob eine Hand eine Schale köstlicher frischer Brombeeren durch das Fenster. Die Mutter der Kinder hatte ihren kostbaren Morgenschlaf geopfert, um die Beeren in aller Frühe zu sammeln. Dadurch wollte sie der Baronin Wrede für alle Hilfe danken. Mathilda aber wußte den Wert dieser Gabe zu würdigen.

Finnland in Not

In den neunziger Jahren war Finnland, allerdings aus traurigem Anlaß, in den Mittelpunkt des Interesse vieler Nationen getreten. Unter Zar Alexander III. hatte sich die alte Spannung zwischen Rußland und Finnland zugespitzt. Die mühsam erworbenen Selbstbestimmungsrechte des Landes, das als Großherzogtum Bestandteil des Zarenreiches war, wurden aufs neue bedroht.

Als Nikolaus II. 1894 den Kaiserthron bestieg, wurde die Unterdrückung der Finnen von oben herab gefördert. Eine dominierende Rolle bei dieser Politik spielte der oberste geistliche Leiter Rußlands, Constantin Pobjedonowzow, der sich den schlimmen Ruf eines russisch-orthodoxen Großinquisitors erwarb. Da er in den Freiheitswünschen des finnischen Volkes eine Gefahr für den russischen Staat sah – unter anderem auch durch die konfessionellen Gegensätze zwischen beiden Staaten – und da er in diesem Sinne den unselbständigen jungen Zaren beeinflußte, wurde auf sein Betreiben 1898 der durch seine eiserne Strenge bekannte General Nicolai Ivanovich Bobrikow als Gouverneur nach Finnland geschickt. Er schränkte die Selbständigkeit des Landes mehr und mehr ein und plante, es durch ein Manifest vom 15. Februar 1899 zu einer russischen Provinz zu machen. Innerhalb weniger Wochen unterzeichneten 522 000 Finnen eine Denkschrift an den Zaren – ein in der Geschichte der Völker einzigartiger Protestschritt. Diese wurde zwar durch eine Abordnung von fünfhundert Männern nach Petersburg gebracht, aber vom Zaren nicht entgegengenommen. Führende europäische Männer und Frauen, unter ihnen Henrik Ibsen und Florence Nightingale, protestierten öffentlich zu Gunsten von Finnlands Freiheit, jedoch erfolglos.

Es ist erklärlich, daß unter diesen Umständen bei der einmütigen Auflehnung der Bürger und Bauern, Arbeiter und Studenten sich die Gefängnisse Finnlands füllten, bis der finnische Senator Schaumann den verhaßten Unterdrücker seiner Heimat, Bobrikow, erschoß.

Mathilda Wrede litt unter den furchtbaren Zuständen in ihrem Vaterland, an dem sie mit ganzer Liebe hing; immer neue Aufgaben wuchsen ihr durch die revolutionären Ereignisse zu, die mit dem Schreckensregiment des harten und rücksichtslosen Mannes und mit seinen Folgen zusammenhingen. Dieser hatte seiner Tyrannei einen Schein des Rechts geben wollen. So wurden lichtscheue Elemente bestochen, irgendwelche öffentlichen Straftaten zu begehen.

Unter anderem sollten zwei entlassene Gefangene, die Mathilda gut kannte, das Alexanderdenkmal in Helsingfors besudeln. Jedem von ihnen war eine Belohnung von dreißig Mark versprochen worden – für diese ganz armen Männer eine verlockend hohe Summe. Mathilda erfuhr von diesem scheußlichen Plan und beschloß, ihn zu vereiteln. Sie begab sich in der betreffenden Nacht auf den Denkmalsplatz und bezog ihre selbstgewählte Wache. Die Begleitung ihres Bruders hatte sie abgelehnt, nur ein Wagen stand in einiger Entfernung zur ihrer Verfügung.

Sie brauchte nicht lange zu warten. Zwar fand sich nur einer der bestellten Männer ein, der andere hatte sich schon vorher sinnlos betrunken, und dieser eine war auch nicht mehr ganz nüchtern. Nun stand er plötzlich seiner Freundin aus der Strafanstalt gegenüber. Auf ihre Frage, warum er in der Osternacht hier herumspaziere, und dazu noch in nicht ganz klarem Zustand, suchte er allerlei Ausreden und erging sich in dunklen Andeutungen. Mathilda bemühte sich nun, ihn zu überreden, lieber nach Hause zu gehen. Und wieder erwies sich ihre wunderbare Macht über die Menschenherzen: Nach kurzem Zögern ließ Pekka sich von ihr in den herbeigerufenen Wagen helfen. Mathilda gab dem Kutscher ihre Anweisungen, und als der Mann sicher abgeliefert war, fuhr sie selbst erleichtert nach Hause.

Doch die Sorge um das Geschick ihres Vaterlandes ließ sie nicht ruhen. Wenn Sorgen zu Gebeten werden, antwortet Gott und gibt gute und erleuchtete Gedanken. In Tammerfors war Mathilda dem Erzbischof der griechisch-katholischen Kirche begegnet, der ihr damals mit besonderer Wärme und Freundlichkeit seine Hilfe angeboten hatte, wenn sie jemals in Not sei. Inzwischen war er Erzbischof in Petersburg geworden und besaß großen Einfluß auf den frommen Zaren. Wie eine Erleuchtung kam es über Mathilda: Sie mußte den gütigen Kirchenfürsten aufsuchen und ihm, der dem Kaiser so nahestand, ihre Sorgen anvertrauen.

In Petersburg angelangt fuhr sie in Begleitung ihres treuen Freundes, Baron Paul Nicolai, zum bischöflichen Palast. Aber mit welch unendlicher Vorsicht mußte alles überlegt werden! Niemand in der Umgebung des Erzbischofs durfte ahnen, daß Mathilda aus Finnland kam. In der Hauptstadt wimmelte es von Spionen. Das finnische Firmenetikett wurde aus Mathildas Mantel entfernt, ebenfalls aus ihren Gummischuhen, und der Kutscher erhielt erst unterwegs seine Weisung, wohin er zu fahren habe; denn der Baron hatte Grund, seinem Hausmeister nicht zu trauen. Als sie am Ziel angelangt waren, wurde offiziell Baron Nicolai gemeldet. Mathildas Namen kritzelte er nur mit Bleistift auf seine Besuchskarte. Der Portier, der sich erkundigte, woher die Herrschaften kämen, erhielt die lakonische Antwort: „Wir sprechen Schwedisch."

Der Erzbischof, eine hohe, Ehrfurcht gebietende Erscheinung, empfing sie freundlich in seinem Arbeitszimmer. Dort durfte Mathilda ihm alles anvertrauen, was sie, besonders im Hinblick auf ihre so sehr gefährdeten armen Schützlinge, aber auch allgemein in moralischer Hinsicht bei den in Finnland herrschenden Zuständen bedrückte und mit tiefer Sorge erfüllte. Der geistliche Herr hörte sie aufmerksam an, mußte ihr aber sagen, daß sein Einfluß nicht so weit reiche, wie sie es angenommen hatte, und daß er alles von zwei Seiten betrachten müsse, von der finnischen und der russischen. Doch versprach er ihr, zu tun, was in seiner Macht stehe, um dem Unheil zu wehren.

Er hielt sein Wort und begab sich zum Zaren. Als aber der Kaiser erfuhr, um was es sich handelte, schnitt er dem Erzbischof mit einer heftigen, abweisenden Handbewegung das Wort ab; er wolle nichts über diese Angelegenheit hören.

Wieder im Dienst der Gefangenen

Weihnachten, das Fest der Liebe und des Lichts – wie wenig davon drang durch die Mauern der Strafanstalten! Mathilda hatte nur den einen Wunsch, gerade in diesen Tagen, die für so viele reich an lieben, wehmütigen Erinnerungen waren, ihren Gefangenen nahe zu sein. Würden sich nicht gerade jetzt die Herzen leichter für die Botschaft von der „großen Freude" öffnen?

So verzichtete sie auf die Feier im Familienkreise und ging zu denen, die ihre Liebe so dringend nötig hatten. Aber sie mußte gleich viel Trauriges erfahren.

Da war ein Schwerkranker, dessen entsetzliches, ansteckendes Leiden seine Überführung in die Krankenabteilung unmöglich machte. Zudem war er fast taub. Man überließ ihn einfach sich selbst und hoffte auf sein baldiges Ende. Mathilda fürchtete keine Ansteckung. Sie besuchte den Sterbenden, kniete neben seinem Lager nieder und sprach ganz dicht an seinem Ohr die Worte der Weihnachtsbotschaft, die ja auch ihm galt. Dann wusch sie mit ihrem Taschentuch sein armes, verschmutztes Gesicht und flößte ihm etwas Milch ein. Der kleine helle Schein, der über sein Antlitz mit den schon bläulichen Lippen flog, sagte ihr, daß er sie verstanden, daß die sanfte Berührung ihm wohlgetan hatte.

Danach ging sie zu einem jungen Mann, der am Tage vorher seinen gefüllten Eßnapf dem Wärter an den Kopf geworfen hatte. Als Strafe war seine Zelle seitdem nicht gesäubert worden. Nun befand er sich in furchtbarer Erregung, und die Wärter rieten Mathilda dringend ab, die unsaubere Zelle zu betreten. Aber Mathilda bestand auf ihrem Besuch. Als sie bei dem Gefangenen eintrat, entschuldigte er sich wegen des fürchterlichen Zustandes seiner Zelle und gab offen seine Schuld daran zu. Dann fragte er, wie es käme, daß sie ihn wie ihresgleichen behandeln könne. Frisch und fröhlich erwiderte Mathilda, weil er ein Mensch sei und viel Gutes und Schönes in ihm wohne, das er nur nicht unterdrücken solle. „Glauben Sie, daß Gott allen Menschen helfen kann?" Wie gern und freudig bejahte Mathilda! – Ob sie denn um Hilfe für ihn beten wolle – auf den Knien? – Einen Augenblick dachte Mathilda an ihr neues Kleid und blickte auf den beschmutzten Fußboden. Als aber der Gefangene meinte, ein kniend gesprochenes Gebet sei doch das ganz richtige, da schloß sie die Augen und kniete auf der Stelle nieder. Sie betete aus der Tiefe ihres Herzens für den jungen Menschen, und als sie sich erhob, war wunderbarerweise kein einziger Fleck an ihrem Kleid. Dankbar drückte der Gefangene ihr die Hand. Nun könne er glauben, daß doch noch ein guter Mensch aus ihm würde.

Die schwierigste Aufgabe stand ihr noch bevor: In seiner Zelle raste Björklun und schwang dazu ein Schustermesser. Man hatte überlegt, wie ihm beizukommen wäre, und wollte unter Umständen ihn mit Hilfe einer vorgehaltenen Matratze an die Wand drücken, ihn dort anketten und dann in den Keller schaffen. Aber keiner der Wärter wagte sich zu ihm.

Mathilda kannte auch jetzt keine Furcht. Unerschrokken betrat sie den engen Raum, und als Björklun auch ihr zurief, er habe geschworen, daß heute noch ein Leben weniger in der Anstalt sein würde, erwiderte sie ruhig: Nein, das glaube sie nicht. Denn gerade in dieser Nacht sei ja der erschienen, der uns das Leben gebracht habe. Dann trat sie auf ihn zu und bat ihn sehr fest, er möge ihr das Messer geben. Er wollte nicht. Gerade sie habe ja immer gesagt, man müsse sein Wort halten, er habe sein Wort gegeben und würde nun auch danach handeln. – Das sei an sich ein guter Grundsatz, meinte sie, aber heute sei doch Heiliger Abend; ob er ihr nicht das Messer zum Geschenk machen wolle, so wie der Bäcker ihr eins der Weißbrote geschenkt habe. – Aber Björklun lehnte ab. Da kam Mathilda ein rettender Gedanke: Wenn er das Messer nicht hergeben wolle, so bräche er ja sein Wort nicht, wenn sie es ihm fortnähme. Er mußte die Hand hinhalten, und sie begann den Griff zu lösen, mit dem er die gefährliche Waffe umklammerte. Aber jedesmal, wenn es ihr gelungen war, einen Finger zu lösen, drückte er wieder zu, und der stille Kampf begann von neuem. „Das gilt nicht!" sagte Mathilda, und der erst so wütende Mann mußte lächeln. Nun bog sie wie im Spiel Finger um Finger zurück, und er ließ es geschehen. Sie hatte das Messer erobert! Mathilda setzte sich neben ihn und sprach freundlich zu ihm, bis er sich ganz beruhigt hatte. Draußen aber mußte ihr der Wärter versprechen, Björklun nicht zu „melden"; es war ja Heiliger Abend!

So war sie immer als „Lichtträgerin" unterwegs, ob sie den düsteren Bodenraum betrat, in dem die Gefangenen sich nach der Arbeit zeitweise aufhalten durften, oder ob sie in die Zelle eindrang und das Dunkel trostloser Herzen mit Liebe und Hoffnung zu erhellen suchte.

Jener Bodenraum, der als Versammlungsort der Gefangenen diente, mußte viel Häßliches und Unsauberes, Flüche und Zoten hören. Kam aber Mathilda und setzte sich unter ihre Freunde, so verstummten die bösen Reden. Ritterlich bemühten sich die rauhen Männer, ihr Mantel und Mütze abzunehmen; sie hörten ihr zu und empfanden selbst die Wohltat einer reinen Atmosphäre. Die Gefange-

nen wußten, daß hier ein Mensch war, der sie nicht auf-
gab, der an das Gute in ihnen glaubte, und so wachte in
manchen dieser Unglücklichen der Wunsch auf, daß es
anders mit ihnen werden möge. Mit offenen Augen nahm
Mathilda jede Gelegenheit wahr, den göttlichen Funken
in den Seelen ihrer Gefangenen zu wecken.

So hatte sie sich liebevoll des mutterlosen Söhnchens eines Sträflings angenommen. Der Junge war für sein Alter
noch sehr kindisch, aber wie man es oft findet, so hatte
auch dieses zurückgebliebene Kind ein besonders warmes
Herz. Durch die Tante des Knaben erfuhr Mathilda, daß
er Tag für Tag an den Fluß ging, um Perlen zu fischen;
denn er hatte von der Kostbarkeit der Perlen gehört. Nun
setzte er seine ganze Hoffnung darauf, so viele Perlen zu
finden, daß er den Vater von ihrem Erlös freikaufen
könne. Mathilda erzählte dem Gefangenen von diesem
Plan seines Kindes, von seiner Liebe und Fürsorge für den
Vater. Da erwachte in dem Manne, der das Kind früher
sehr vernachlässigt hatte, die Vaterliebe; nun hatte er einen Inhalt für sein Leben und Streben.

Mathilda wandte mancherlei Mittel an, um ihren
Schützlingen zu helfen. So gab sie einem jungen Gefangenen, der aus gebildeten Kreisen stammte und in tiefe
Schwermut versunken war, zeitweise Englischunterricht,
um seine Gedanken von dem Elend der Gefangenschaft
abzulenken. Er, der bei ihrem ersten Erscheinen einen Be-
kehrungsversuch gefürchtet hatte, lächelte befreit, als sie
ihm, der über sein verpfuschtes Leben klagte, freundlich
versicherte, daß sie nach seiner Entlassung für ihn sorgen
und ihm beistehen werde – „ob Sie bekehrt sind oder
nicht!"

Hatte der Gefangene nicht recht, der angesichts ihrer
Taten aussprach: „Wir haben Vertrauen zu Ihrer Reli-

gion"? War nicht dies der einzig richtige Weg, um die Herzen zu gewinnen, die im Gefängnis nur Härte und Zwangsmaßnahmen begegneten?

In der Krankenabteilung zu Kakola lagen zehn Männer in einem Raum. Mathilda setzte sich zu ihnen und sprach von der Macht der Gedanken, die einen herunterziehen und schaden können, wenn man zum Beispiel dem an sich verständlichen Haß und Ärger über Gefängnisdirektoren oder Wärter freien Lauf ließe. „Dann gibt es aber auch gute und liebevolle Gedanken, die zu den Lieben daheim wandern und sie und uns verbinden – das Beste aber sind jene Gedanken, die uns höher hinauf an das Herz Gottes tragen, die uns in ein Verhältnis zu Gott bringen. Dann werden wir fähig, im Gehorsam gegen ihn Liebe und Licht in der Welt zu verbreiten." In den abgezehrten Gesichtern stand der Wunsch nach etwas Besserem und Höherem zu lesen. Mathilda erhob sich und nahm Abschied: „Gott segne nun einen jeden von Euch, und er möge Eure Gedanken lenken!" Mit einem Händedruck für jeden verließ sie den Krankensaal.

Ein Menschenalter hindurch war Mathilda Wrede unermüdlich und voller Liebe im Einsatz. Sie begnügte sich aber nicht damit, den Gefangenen Gottes Wort nahezubringen und ihnen immer wieder eine kleine Freude zu bereiten – auch wenn sie ihre Lage selbst verschuldet hatten.

Ihrem klaren Blick blieben die vielen Mißstände in den Strafanstalten nicht verborgen. Sie erkannte nicht nur, daß die Herzen der Sträflinge oft durch die Behandlung, die ihnen widerfuhr, sich noch mehr verhärteten, sondern sie beobachtete auch, daß viele Dinge in den Anstalten nicht in Ordnung waren. Mutig und offen, wie sie war, brachte sie ihre Bedenken bei den Ärzten, den Geistlichen und den leitenden Beamten zur Sprache. Zuweilen hatte sie Erfolg, vieles aber blieb beim alten.

Sie litt vor allem schwer unter den Zuständen in der Krankenabteilung. In ihrer tiefen Empörung schüttete sie dem Arzt, Dr. Gustav Mattson, ihr Herz aus, der daraufhin diese Dinge in einem Artikel im „Argus" an die Öffentlichkeit brachte. Das half! Aber die Wahrheit war vielen unbequem, und es kam so weit, daß ihr in Abo das Sprechzimmer entzogen wurde, das sie viele Jahre hindurch hatte benutzen dürfen. In den Jahren 1912/13 vermehrten sich die Hindernisse und Schwierigkeiten.

Auch Verdächtigungen blieben Mathilda Wrede nicht erspart. So hatte sie einst in einem Untersuchungsgefängnis mehrfach einen jungen Mann besucht, der des Mordes bezichtigt war. Als sie wieder einmal mit ihm sprach, fiel ihr sein gekünstelt lebhaftes Wesen auf. Sie erklärte es mit dem bevorstehenden Urteil, er wollte wohl seine Gedanken daran auf diese Art überspielen. Er bat sie, seiner Mutter zu schreiben. Später sah sie ihn auf dem Gefängnishof beim allgemeinen Spaziergang der Häftlinge; er winkte ihr mit seinem Hut lebhaft nach.

Am folgenden Tage brachten die Zeitungen die Nachricht, daß er auf unerklärliche Weise aus seiner Zelle entwichen und verschwunden sei. Mathilda erschrak. Würde diese Flucht dem Direktor und den Wärtern Schaden bringen oder gar der Verdacht aufkommen, daß sie dem Mörder zu der Feile verholfen habe, mit der er das Fenstergitter durchsägt hatte? Sie irrte sich nicht: Tatsächlich ging das Gerücht um, Mathilda sei an dem Entkommen des Sträflings beteiligt. Die Behauptungen verdichteten sich immer mehr. Niemand trat für sie ein, und doch mußten alle wissen, wie sehr sie jede unehrliche Tat verabscheute. Es war eine schwere Prüfung für sie.

Wie einst der Pfarrer in Tavastehus, dem Frauengefängnis, ihre Arbeit unter den weiblichen Sträflingen von seiner Anwesenheit abhängig machen wollte, so bestimmte nun ein allgemeiner Erlaß, daß Mathilda Wrede nur noch im Beisein Dritter mit den Gefangenen sprechen dürfe. Energisch erklärte sie dies für unmöglich; wohl dürfe ein jeder in der Öffentlichkeit erfahren, was sie ihren Gefangenen zu sagen habe, aber niemand könne verlangen, daß die unglücklichen Menschen vor den Ohren Dritter ihr Herz ausschütten, ihre Sorgen mitteilen sollten. Das bedeutete das Todesurteil für ihre gesegnete Arbeit, und sie begriff wohl, daß ihre Gegner darauf hingezielt hatten. Die unbequeme Mahnerin, das „lebendige Gewissen", sollte zum Schweigen gebracht werden.

Die finnische und schwedische Presse und Mathildas weiter Freundeskreis unter Gefangenen und Freien setzten sich für sie und gegen den Beschluß der Gefängnisdirektion ein; aber das Dekret blieb bestehen. Ihr Herz blutete unter diesem Schlag, der sie bis ins Innerste traf. Gleichzeitig wurde sie durch den Tod ihrer geliebten mütterlichen Schwester Helene schwer getroffen. Aber Mathilda brach nicht zusammen, sie wurde nicht müde zu wirken, wo es nur irgend möglich war.

Der Weltkrieg und seine Folgen

Als der Weltkrieg ausbrach, trug Mathilda schwer an den Leiden ihres Volkes. Von ihrem Fenster aus sah sie die langen Reihen meist junger Männer, die unter russischen Fahnen in den Kampf ziehen mußten. In vielen schlaflosen Nächten betete sie für sie und für die zurückbleibenden Mütter, Frauen und Kinder. Sie, die den Frieden über alles liebte, die sich selbst immer bemüht hatte, Frieden zu stiften, wo sie nur konnte, litt unter der Friedlosigkeit der Welt. An jedem Mittag besuchte sie auf dem Rathausplatz die Pferde, die dort auf den Abtransport warteten. „Sie verstehen kein Russisch", meinte sie, „aber wenn ich ich Finnisch zu ihnen rede, wenden sie die Köpfe."

Die vielen seelischen Leiden und Erschütterungen blieben nicht ohne Wirkung auf ihre zarte Gesundheit und ihr schwaches Herz. Lange Zeit lag sie krank darnieder und mußte in erzwungener Untätigkeit die schwere Schule der Geduld durchmachen.

Im Jahre 1917 brach die russische Revolution aus; in ihrem Gefolge erschütterten heftige Kämpfe ihr heimatliches Finnland, nachdem es unter Präsident Svinhufvuds Führung seine staatliche Unabhängigkeit erreicht hatte. Dies wurde zunächst von der russischen Bolschewistenregierung anerkannt, dann aber unterstützten sie die „roten" Truppen im Bürgerkrieg gegen die „weißen" Truppen unter General Mannerheim. Diesem gelang es jedoch mit deutscher Hilfe, den Krieg zu beenden. Schon nach wenigen Jahren setzte ein unerwarteter Aufstieg des freiheitsliebenden Landes ein, aber die Rückseite der glänzenden Medaille war viel Jammer, Elend und Not. Unter diesen dunklen Kriegsfolgen litt Mathilda Wrede schwer, aber sie erhielt nun nochmals Gelegenheit, zunächst für ihre Freunde in den Gefängnissen und dann auch für andere an Leib und Seele Kranke, Mittellose und Hilfsbedürftige zu sorgen.

Während des furchtbaren, grausamen Bürgerkrieges waren unvorstellbare Greueltaten geschehen. Angst, Schrecken und Elend erfüllten die Herzen. Zwei Parteien standen sich haßerfüllt gegenüber – die Weißen und die Roten. Zwischen diesen beiden Lagern, die eine schier unüberbrückbare Kluft trennte, stand Mathilda Wrede. Ihrer Herkunft nach gehörte sie zu den Weißen, aber ihr Herz, ihr Leben, alles, was sie an irdischem Gut besaß, hatte sie denen geschenkt, die zum anderen Lager gehörten. In diesen Tagen des Schreckens wich Mathilda nicht aus Helsingfors, wie es auch der Apostel Paulus tat, von dem am Schluß der Apostelgeschichte gesagt ist: „Er blieb zwei volle Jahre in einer eigenen Mietswohnung und nahm daselbst alle auf, die ihn besuchten; er verkündigte dabei das Reich Gottes und erteilte Belehrung über den Herrn Jesus Christus mit vollem Freimut, ungehindert" (Apostelgeschichte 28,30–31).

Die Aufständischen hatten 1918 auch das Zuchthaus Kakola erstürmt und die Gefangenen befreit. Ein großer Teil der Sträflinge war einsichtsvoll genug gewesen zu erklären, sie wollten nicht auf eigene Faust in die Freiheit gehen, um von neuem verhaftet zu werden; sie würden die Amnestie abwarten.

In Kakola und Abo herrschte auch unter den Stürmen jener Tage mustergültige Ordnung. Zur allgemeinen Enttäuschung zögerte sich jedoch die Amnestie immer noch hinaus. Nun wandten sich die Sträflinge wieder an ihren „besten Freund", den sie so lange entbehrt hatten, und baten Mathilda, sich für die Beschleunigung der Amnestie zu verwenden.

Bald darauf erschienen mehrere freigelassene politische Gefangene bei ihr und baten, sie möge ihre Besuche in den Strafanstalten wieder aufnehmen. Sie überreichten ihr eine Bittschrift mit 725 eigenhändigen Unterschriften, die lautete: „Kommen Sie rasch! Innig sehnen sich nach Ihnen und warten auf Sie: die Unterzeichneten in Kakola."

Auch der neue Gefängnisdirektor hatte sich dringend diesem Ruf angeschlossen. Daß Mathilda nicht nein sagte, ist zu verstehen. Sie ersuchte den Oberinspektor aller Gefängnisse, in allen Strafanstalten bekanntzugeben, daß die Besuche der Baronin Wrede ungehindert wie einst zugelassen wären. Dann fuhr sie nach Abo.

Im Hof des Zuchthauses Kakola wurde ihr ein überwältigender Empfang bereitet. Dreihundert Gefangene standen in Reih und Glied und begrüßten sie mit Gesang. Tiefbewegt dankte sie und sprach von der großen Freude, mit der sie den „Schmerzensweg" herauf zu dem Gefängnis gegangen sei. Sie versprach ihnen, daß sie nun von neuem nur für ihre Freunde leben wolle; aber die innere Erregung ließ sie bald verstummen. Da wurde ihr ein Stuhl hingestellt, über den ein sauberes Handtuch ausgebreitet lag, und nachdem sie einen Strauß Rosen erhalten hatte, die im Hof der Anstalt gewachsen waren, erklangen noch zwei Lieder. Darauf hoben starke Arme sie mit dem Stuhl empor und trugen den „Freund der Gefangenen" im Triumph durch die Anstalt. Konnten Liebe und Dankbarkeit sich lebendiger ausdrücken?

Die rührendsten Beweise der Freude wurden ihr zuteil. Die Gefangenen hatten gesammelt und überreichten ihr ein goldenes Medaillon und einen silbernen Becher „für die, die den Becher der Leiden geleert hatte", und ein

Schwerverbrecher, der in der Wiedersehensfreude ihre Hände ergriff, vertraute ihr an, er habe in all den Jahren des Besuchverbots auf Rache gesonnen. Mathilda wehrte fröhlich ab – sie wollte sich jetzt nur an dem Geschenk dieser Stunde freuen. Denen aber, die so viel geopfert hatten, um sie beschenken zu können, suchte sie durch Geldzuwendungen zu helfen, soweit es ihre meist knappe Geldbörse erlaubte.

Endlich wurde die Amnestie verkündet. Die in Freiheit gesetzten Häftlinge suchten nun Mathilda in ihrer Wohnung auf, und es war ein nicht enden wollendes Kommen und Gehen. Oft litt sie darunter, nicht so helfen zu können, wie es sie drängte. Die Zukunft so vieler Gefangener mußte gesichert werden – aber große Mittel standen ihr nie zur Verfügung. Freilich wurde auch manch unverfrorenes und abenteuerliches Ansinnen an sie gestellt; ruhig und nüchtern wies sie solche Bittsteller in ihre Schranken.

Eines Abends suchten einige Anarchisten sie auf, um sie mit ihrer Lehre bekannt zu machen. Mathilda hörte sie ohne Unterbrechung an. Dann wies sie auf das Christusbild über ihrem Schreibtisch und sagte zu ihnen, dieses Bild sei eigentlich ihre ganze Antwort. Die Lehre dieses ihres Herrn sei, in die Tat umgesetzt, immer Geben gewesen, während sie nehmen wollten. Sie wisse, wieviel höher der Grundsatz Christi sei, und es wäre nun ihr Wunsch, sie zu seiner Lehre herüberzuziehen. Da verabschiedeten sich die Besucher. Im Hinausgehen aber wandte sich einer von ihnen um und sagte, er käme morgen wieder, aber dann allein. So konnte sie auch hier einem Menschen unter vier Augen weiterhelfen.

Es waren nicht immer vertrauenerweckende Gestalten, die vor ihrer Tür standen. Eines Tages erschienen mehrere „schrecklich rote Kerle", wie das Mädchen meldete.

Sie trat ihnen freundlich, aber mit der ihr eigenen Festigkeit entgegen und erklärte, daß nur drei Rädelsführer hereinkommen dürften, da ihre Wohnung eng und klein sei. Als sie eintraten, befahl sie zunächst: „Herunter mit den Mützen!" Die drei blickten sich verdutzt an und gehorchten. Als Mathilda nach ihren Wünschen fragte, war die Antwort: „Geld!" Ob sie etwa nichts bei sich habe? „O doch, mehr als gewöhnlich", erwiderte Mathilda; aber sie würden es nicht bekommen, denn es sei für Kranke und Kinder bestimmt, die in dieser Zeit bittere Not leiden müßten, während sie ja jung seien und arbeiten könnten. Ob sie sich dabei nicht schämten, um Geld zu bitten, statt es sich ehrlich zu verdienen?

Sie hätten Hunger, war die Antwort. Da wies sie auf ihr Frühstück: ein Stück Brot und einen gekochten Kohlrabi. Ein Grinsen ging über die dreisten, finsteren Gesichter, als sie diese karge Mahlzeit sahen. Da seien sie wohl bei Mathilda Wrede, meinte einer. Mathilda bejahte in aller Ruhe und fuhr fort, dieses Frühstück würde nicht für sie alle reichen; wenn sie aber am Abend wiederkommen wollten, würde der Kaffeetisch für sie bereitstehen. Schweigend und mit höflichem Gruß verließen die Männer die Wohnung.

Jetzt galt es für Mathilda, sich ganz anderer Gefangener anzunehmen als früher; denn Verwandte und Freunde waren von den Roten eingekerkert worden. Mit aller Hingabe setzte sie sich auch jetzt für die ein, die ihre Freiheit verloren hatten. Ohne Scheu drang sie in die „Höhle des Löwen", bis zu den höchsten Stellen vor und suchte das Los der Unglücklichen durch ihre Fürsprache zu erleichtern. Zu ihrem Schmerz begegnete sie in den neu gewonnenen „Stellungen" manchen alten Bekannten aus den Strafanstalten. Aber auch hier ging noch nach Jahren die Saat ihrer Liebe auf.

Als sie für einen gefangenen Verwandten ihres Namens eintrat, erfuhr sie, daß der „Chef der Polizei" der um Einlaß bittenden Gemahlin geantwortet hatte: Eigentlich sei es unmöglich, ihr den Besuch des Häftlings zu gestatten, aber er selbst habe auch einmal im Gefängnis gesessen, und da habe Mathilda Wrede ihn besucht und sei gut zu ihm gewesen. Um dieses Namens willen dürfe sie ihren Mann besuchen.

Ein anderes Mal erschien am Abend ein Rotgardist vor ihrer Tür. Mathilda kannte ihn gut. Er hatte siebenunddreißig Jahre im Kerker für seine Untaten gebüßt. Nun brachte er ihr drei Liter gute Vollmilch, die er eigens für sie vom Lande herbeigeholt hatte. Sie habe selbst so viele satt gemacht und erquickt, nun sei sie elend und erschöpft, deshalb wolle diesmal er für sie sorgen. Mathilda, der die Methoden der Roten bekannt waren, fragte, ob die Milch bezahlt sei. „Selbstverständlich!" war die Antwort; ob sie denn glaube, daß er ihr gestohlenes Gut anbieten würde?

So erfuhr sie neben allen Enttäuschungen immer wieder Liebe und Rücksicht. Als sie einmal ihrer Verwunderung darüber Ausdruck gab, antwortete ihr jemand: „Sie selbst haben uns ja gelehrt, daß man erntet, was man gesät hat."

Wenn Mathilda Wrede in diesen Jahren vor vielen drohenden Gefahren bewahrt blieb, so zeigte sich darin Gottes Gnade; dann war es aber auch das Achtunggebietende ihres Auftretens, das, ihr selbst unbewußt, eine starke Wirkung auf die Menschen ausübte. Diese menschliche Würde war nicht nur in dem alten Geschlecht begründet, das durch Generationen gewöhnt war, „Haltung zu bewahren", sondern vor allem in der inneren Sammlung, ihrer tiefen Gottverbundenheit. Das gab ihr wieder Macht über die Menschenherzen, ganz gleich, ob man ihr freundlich oder ablehnend gegenüberstand. Ihr Freimut machte auf ihre Gegner den stärksten Eindruck.

Als Beispiel diene die folgende Geschichte, die sich im Herbst 1919 ereignete, und die hier in Evy Fogelbergs Worten wiedergegeben sei:

Mathilda Wrede war allein zu Hause. Da hörte sie draußen an der Eingangstür ein Geräusch und öffnete. Im selben Augenblick stürzte ein riesenhafter Mensch ins Vorzimmer, der einen zynischen und boshaften Gesichtsausdruck hatte. Ein anderer, der nicht ganz so gefährlich aussah, stand draußen auf der Treppe. Mathilda behielt, wie gewöhnlich, ihre Fassung und sagte ruhig: „Kommen Sie bitte auch herein, und machen Sie die Tür zu, denn es ist kalt!" Beide trugen englische Soldatenröcke. Sie schloß daraus, daß sie direkt von der Murmanküste kämen, und rief impulsiv aus: „So, nun werde ich wohl Neues aus Rußland hören!" Die beiden sahen betreten aus, schienen entwaffnet und antworteten nicht. „Treten Sie ein, und setzen Sie sich", sagte sie, „erst sollen Sie mir alles erzählen, was Sie über Rußland wissen, und dann möchte ich hören, was Sie für ein Anliegen haben." Schweigend setzten sie sich auf die angebotenen Stühle. „Kommen Sie von der Murmanküste?" fragte sie. „Ja", antwortete der Riese, und indes seine Hände Bücher und Kleinigkeiten auf dem Tisch mechanisch berührten, spähten seine Augen lüstern im Zimmer umher. „Seien Sie so freundlich und bringen Sie mir meine Sachen nicht durcheinander, sonst finde ich nachher nichts", sagte Mathilda und fuhr dann fort: „Wissen Sie, in der gestrigen Zeitung stand gerade etwas über den Murman. Ungefähr dreihundert rote Finnen wollten sich auf ein englisches Schiff drängen und sind niedergeschossen worden." Sie hatte gehofft, daß irgendeine Saite in seinem Innern erzittern würde, wenn er an das Los dachte, das seine Kameraden getroffen hatte. Er lachte aber nur roh auf: „Was geht mich das an? An so was sind wir gewöhnt. Das passiert ja jeden Tag und jede Stunde, daß Menschen zu Tode gebracht werden."

Mathilda hatte selten etwas so Kaltes erlebt, in dem jede Spur von menschlichem Fühlen getötet zu sein schien. Sie konnte sich nicht entsinnen, diesen Mann früher gesehen zu haben, aber intuitiv rief sie aus: „Haben wir uns nicht früher schon einmal gesehen? Sind Sie nicht in Kakola gewesen?" – „Ja, aber das ist schon lange her, und das Fräulein ist nur einmal bei mir gewesen." Sie wandte sich an den andern, der die ganze Zeit stillgesessen hatte: „Und Sie, sind Sie auch dagewesen?" – „Ja, aber ich kam nach Kakola, als es dem Fräulein schon verboten war, die Gefängnisse zu besuchen."

Dann kamen sie mit ihrem Anliegen heraus, sie seien in Not und bäten um etwas Geld. Mathilda Wrede wußte, daß es klüger wäre, diesem Mann mit dem grausamen, unmenschlichen Gesichtsausdruck Geld zu geben, aber sie hielt es für besser, es ihm zu verweigern. So antwortete sie: „Ihr kräftigen Leute solltet arbeiten! Es gibt so viele Arme, die nicht arbeiten können. Das Wenige, das ich zu vergeben habe, muß ich dorthin geben. Leider habe ich heute auch sonst nichts im Hause, das ich euch anbieten könnte." Sie gab ihnen die Hand und verabschiedete sie.

Beim Hinausgehen machte der Riese noch einen Versuch, in ein anderes Zimmer abzuschwenken. Mathilda hielt ihn aber zurück: „Nicht hier entlang, lieber Freund! Die Eingangstür ist auf der andern Seite!"

Als Mathilda noch am selben Tage von diesem Besuch erzählte, sagte sie: „Er hatte einen ungewöhnlich lüsternen Blick, aber er hat nichts mitgenommen."

Einige Tage später kam derselbe Mensch wieder und bat nochmals um Geld. „Das kann ich Ihnen nicht geben", sagte sie, „aber Sie scheinen Schnupfen zu haben – ein Taschentuch können Sie bekommen." Er nahm es dankend an – sie sprachen eine Weile zusammen, und dann ging er fort.

Wie Mathilda Wrede in den Wirren dieser spannungsreichen Zeit für Frieden und Versöhnung einzutreten bemüht war, wird uns durch ein Gespräch in der Eisenbahn anschaulich vor Augen geführt. Zunächst teilte sie an ihre müden und unlustigen Reisegefährten Schriften aus, die für die gesamteuropäische Friedensbewegung warben. Dann streckte sie ihre Hand aus, spreizte die Finger und sagte: „Nehmt an, daß diese Hand die Menschheit ist und jeder Finger eine Nation für sich! Habt ihr es je gesehen, daß sich die Finger an einer Hand zu schaden versuchen? Denkt, wenn der Daumen den Mittelfinger und der kleine Finger den Daumen verwunden wollte! Würde dann nicht die ganze Hand darunter leiden und unbrauchbar werden? Genauso töricht handeln die Völker, wenn sie sich bekriegen. Wir müssen es lernen, unsere Mitmenschen zu lieben und zu achten. Wollen wir wirklich Jesus von Nazareth folgen, so dürfen wir unsere Brüder nicht töten und ihnen keinen Schaden tun. Jesus Christus kam, um die Menschen zu retten, aber nicht, um sie zu verderben.

Wenn wir an diesen Bruderkrieg zurückdenken, der so verheerend über unser Land gegangen ist, so wollen wir selbst uns stets der Verantwortung für das Geschehene entziehen und sie auf andere abwälzen. Aber auf diese Art wird es nicht besser mit der Welt.

Jeder von uns muß zu der Einsicht erwachen, daß wir alle mitschuldig sind. Soweit wir in unserem Herzen

Raum für Haß, Bitterkeit, Unversöhnlichkeit und Bosheit haben, sind wir an diesem furchtbaren Leiden schuld, das sich über die Welt ergoß, das so viele junge, vielversprechende Leben vernichtet und verwüstet hat. Und wenn wir die Mitschuld einsehen, die wir an diesem großen Verbrechen haben, wenn wir den Kampf aufnehmen gegen Haß und Rachsucht, so schließen wir uns der Schar an, die den guten Kampf kämpft, um in der Welt der Liebe zum Siege zu verhelfen."

Da erhob sich ein alter Mann und sagte: „Das war klar gesagt. Nun verstehe ich die Sache, wie ich sie noch nie vorher verstanden habe."

Gegen die Trunksucht

Mathilda wußte aus den reichen Erfahrungen ihrer Tätigkeit unter Verbrechern um die furchtbare Gefahr der Trunksucht. Ihr Kampf galt diesem Feinde der Menschheit, der so viel Sünde, Not und Leid verschuldet. Wo sie nur konnte, bekämpfte sie diese „Sucht" und bemühte sich auch, ihren entlassenen Freunden die Gefahren des Alkohols vor Augen zu führen. Da hatte sie ein Erlebnis, das lange in ihrem Herzen nachklang.

Am Abend eines mühevollen Tages wanderte sie über die Hügel außerhalb der Stadt Helsingfors und erblickte zwei zerlumpte männliche Gestalten, die schon nicht mehr ganz nüchtern waren und im Begriff standen, weitere Flaschen Bier mit unsicheren Fingern zu entkorken.

Mathilda fühlte sich zu müde und mutlos, um mit ihnen zu sprechen. Sie sah nur zu ihnen hinüber; aber in ihrem Blick muß wohl etwas gelegen haben, das den Männern zu Herzen ging. Sie erhoben ihre Flaschen mit dem Hals zur Erde und riefen: „Ein Hoch auf Mathilda Wrede!" Dabei ließen sie das so begehrenswerte Getränk auf den Boden fließen. Mathilda trat nun zu ihnen und wollte wissen, ob sie wirklich ihretwegen so gehandelt hatten. Das bejahte einer der Männer und fügte hinzu, eigentlich sei es aber doch schade um das schöne Bier; denn sie seien beide sehr durstig. Da vergaß Mathilda alle Müdigkeit und lud die Männer ein, gemeinsam mit ihr Kaffee zu trinken. Ein Leuchten ging über die verbitterten Gesichter; aber dann meinten die Männer, sie müsse sich ihrer doch schämen, da sie so elend aussähen. Mathildas Antwort war, daß man sich der Menschen, die einer solchen Selbstüberwindung fähig waren, nicht zu schämen brauche. Das eigenartige Trio wanderte nun einträchtig zu einem nahegelegenen Gasthaus, wo die Männer wirklich von Mathilda Wrede bewirtet wurden.

Eines Tages wurde Mathilda, die nun häufig erkrankte, von einem ihrer Schützlinge besucht. Er erkundigte sich sehr eingehend nach ihrem Befinden und fragte schließlich, wo sie begraben würde, wenn sie stürbe. Mathilda gestand ihm, sie habe darüber noch nicht nachgedacht, aber wahrscheinlich würde sie wohl auf der Familienruhestätte in Anjala beigesetzt. Damit gab der Mann sich aber nicht zufrieden: Es sei doch besser, sie ließe sich in Helsingfors begraben, dann könnten ihre Freunde sie doch besuchen und manchen gemütlichen Sonntagnachmittag an ihrem Grabe verleben. „Und vielleicht auch die Flasche mitbringen!" fügte Mathilda lächelnd hinzu. Aber diese Zumutung wies der Mann energisch zurück. Nein, es würde ihnen niemals einfallen, an Fräulein Wredes Grab zu trinken!

Sorge für die russischen Flüchtlinge

Als der Strom der elftausend Flüchtlinge sich über die Grenzen Finnlands ergoß, breitete sich vor Mathildas Augen ein Meer unermeßlichen Elends aus. Sie wußte, daß es nun für sie hieß, hier mit allen Mitteln, die ihr zu Gebote standen, zu helfen. Diese neue Arbeit begann 1922. Mathilda war damals nicht mehr jung und keineswegs kräftig und gesund, aber sie stellte sich auch jetzt, wie immer, mit ihrer ganzen Persönlichkeit in den Dienst, der ihr von Gott übertragen war.

In einer Gesellschaft zu Helsingfors wurde ihr von einer vornehmen Dame vorgeworfen, sie opfere ihre ganze Kraft, Energie und Liebe dem russischen Erbfeind. Mit überlegenem Humor antwortete Mathilda Wrede, sie habe keine Feinde, und am allerwenigsten würde sie sich welche vererben lassen. Vierzig Jahre lang habe sie nur für die Armen ihres Volkes gelebt, aber sie sei gern bereit, der reichen Finnländerin die Fürsorge für die bedürftigen Volksgenossen zu überlassen und sich selbst den Russen zu widmen. Die Dame schwieg bestürzt. Dann hörten alle aufmerksam zu, als Mathilda nun erzählte, mit wie wenig Mitteln sie ihre Arbeit in den Gefängnissen begonnen hatte. Damals fanden sich in Finnland nur wenige Menschen, mit deren Unterstützung sie rechnen konnte. In dieser Not habe ein Telegramm sie plötzlich nach Petersburg gerufen. Die russischen Christen, Oberst Paschkow und Graf Korff, die sich um ihrer religiösen Überzeugung willen in der Verbannung befanden, waren auf kurze Zeit heimgekehrt, und Mathilda, die zugab, daß man in Finnland die Russen nicht liebte, war nach Petersburg gereist, um diese tapferen Christen, die so viel geopfert hatten, kennenzulernen. Sie gewann in ihnen Freunde fürs Leben, die sie durch Geldspenden in die Lage versetzten, ihre Gefangenen und deren Familien mit dem Nötigsten zu versorgen. „Jetzt gibt mir Gott Gelegenheit, die große Ehrenschuld an Liebe und Geld, die ich und die Armen meines Landes den Russen gegenüber haben, an einer anderen Generation abzutragen. Diese Vertrauens- und Ehrenschuld will ich an diesen Armen vergelten, solange mir Gott die Kraft dazu schenkt", schloß sie, und niemand wagte, ihr zu widersprechen.

Bei einem ihrer Besuche an der karelischen Grenze veranstaltete Mathilda Wrede ein Fest für die Ärmsten der Flüchtlinge. Sie wußte mit dem feinen Instinkt wahrer Liebe, daß Menschen im Unglück nicht nur äußere Unterstützung, sondern auch ein wenig Freude brauchen. Männer, Frauen und Kinder aller Volksschichten waren durch den Schnee gewandert, um dieser beglückenden Einladung zu folgen. Es war ergreifend anzusehen, als die endlich einmal satt gewordenen Kinder, die zumeist in hohen Filzstiefeln und recht schäbigen, ausgewachsenen Kleidern erschienen waren, in ihrer Freude zu tanzen und zu springen begannen. Auf ihren von Entbehrungen und oft von Tuberkulose gezeichneten Gesichtern strahlte der Widerschein dieser frohen Stunden. Sie hatten allen Kummer vergessen, und als es ans Abschiednehmen ging, umdrängten sie Mathilda Wrede voller Zärtlichkeit, um noch eine Liebkosung in ihr Dunkel und ihre Armut mitzunehmen. Auch für die Alten war aufs beste gesorgt worden: Ein gutes, reichliches Mahl erwartete auf langen Tafeln Mathildas Ehrengäste, und dann saßen die Heimatlosen, Vertreter vornehmster russischer Familien und schlichte Arbeiter, alle gleich verarmt, friedlich beisammen.

94

Mathilda Wrede spricht vor einer Versammlung.

Mathilda Wrede, die sonst keinen Schmuck trug, hatte heute eine Perlenschnur angelegt, die das Geschenk eines Flüchtlings war. Mönche hatten sie gearbeitet, und ein Klosterabt (Igumén) hatte sie gesegnet. Als sie den festlichen Raum betrat, erhoben sich alle Versammelten und nahmen dann wieder Platz. Nur ein alter Zigeuner blieb stehen und rief: „Gott segne Sie und lasse Sie lange leben! Gott segne Sie mehr und mehr und lasse Sie noch länger leben! Gott segne Sie mehr und mehr und lasse Sie noch länger leben! Gott segne Sie noch viel mehr und lasse Sie noch viel, viel länger leben!" Es stellte sich heraus, daß sie ihn vor fünfunddreißig Jahren in Kakola besucht hatte. Er bat sie darüber zu schweigen, und sie setzte sich neben ihn an die Tafel. – Danach gab es viele Besuche zu machen, und Mathilda Wrede ging von Elendsquartier zu Elendsquartier, um diesen armen, seelisch und körperlich leidenden Menschen Hilfe zu bringen.

Bei zunehmendem Alter gingen die Besuche in den Strafanstalten über ihre Kraft. Ihre Tür stand den Entlassenen weiterhin offen, aber praktisch mußte sie sich nun einem anderen Gebiet zuwenden. So wirkte sie im Friedensbund und für den Tierschutz. Dann wurde ihr von Gott eine neue Aufgabe auferlegt: der Kampf der griechisch-orthodoxen Mönche des Klosters Valamo um den Fortbestand ihrer Tradition.

Die letzte Aufgabe

Die nun folgenden Schilderungen stützen sich auf die Berichte Evy Fogelbergs in ihrem zweiten Buch: „Mathilda Wredes letzte Jahre".

Mathilda Wrede betrat das Kloster Valamo zum erstenmal im Sommer des Jahres 1924. Sie war von den Mönchen eingeladen worden, nachdem diese von ihrem tatkräftigen Eintreten für die unglücklichen russischen Flüchtlinge erfahren hatten. Das Kloster, das seine Gründung im zehnten oder elften Jahrhundert dem Mönch Sergei vom Berge Athos verdanken soll, liegt auf dem höchsten Punkt der steilen, reichbewaldeten Insel Valamo inmitten des Ladoga-Sees. Im Laufe der Jahrhunderte hatten die fleißigen Mönche die unwirtliche Insel in ein wahres Paradies verwandelt und die eigentliche Klosterkirche mit orientalischer Pracht ausgestattet.

Gleich nach ihrer Ankunft an einem Sonntagabend nahm Mathilda an einem Gottesdienst der Mönche teil. Vor den Bildern Jesu und seiner Mutter brannten Kerzen, Priester in kostbaren Gewändern beteten am Altar, und ein Männerchor sang herrliche alte Hymnen, die in einem dreifachen andächtigen Halleluja ausklangen. Der heilige Ernst und die würdige Demut der Mönche machten tiefen Eindruck auf sie. Aber über aller Schönheit, die sie hier umgab, lagerte eine dunkle Wolke, und der Prior vertraute ihr bald seine großen Sorgen an: Jahrhunderte hindurch hatten die Mönche ihrem Eide getreu nach den kanonischen Gesetzen gelebt; die neue Regierung aber ordnete an, daß alle orthodoxen Gläubigen Finnlands fortan der neuen Zeitrechnung zu folgen hätten. Nun enthielten die den Mönchen heiligen Klostergesetze strenge Vorschriften über die Innehaltung der kirchlichen Feste, insbesondere des Osterfestes. Sie hatten sich nach dem Julianischen Kalender zu richten, und nur eine griechisch-orthodoxe Kirchenversammlung durfte die Zeiten der großen Feste ändern. Die Mönche standen vor einer schweren Entscheidung: Widersetzten sie sich dem Befehl der Obrigkeit, so mußten sie damit rechnen, daß das Kloster geschlossen und sie selbst verbannt würden; folgten sie aber dem weltlichen Befehl, so bedeutete das den Bruch ihres Möncheseides. Diese Erwägungen hatten bereits zu Spaltungen innerhalb der Bruderschaft geführt; die einen wollten lieber sterben als ungehorsam sein, die anderen neigten zum Nachgeben.

Während es gemäß der proklamierten Gewissensfreiheit allen Religionsgemeinschaften gestattet war, ihre Feste nach ihren Vorschriften zu begehen, sollten nur die armen Mönche gezwungen werden, ihre uralten geheiligten Sitten aufzugeben. Viele Verwicklungen und Beschlüsse, die Wahl eines Erzbischofs, den die Mönche nicht anerkennen durften, und die Unterstellung der griechisch-orthodoxen Mönchsklöster Finnlands unter die Autonomie des Patriarchats zu Konstantinopel, beunruhigten die Mönche tief und wurden der Anlaß zu einem langen, schmerzlichen Kampf.

Mathilda, die sich selbst nicht durch Formen gebunden fühlte, hatte dennoch das größte Verständnis für die Gewissensnot der Mönche, und sie fühlte sich auch hier zum Kampf für die gute Sache aufgerufen. „Sie leben das Christentum, deshalb sind Sie über Religionsformen erhaben", äußerte ein alter Einsiedler ihr gegenüber. Mathilda Wrede litt so unter dem Gedanken, daß in Finnland Menschen um ihres Glaubens willen verfolgt wurden, daß sie schon auf der Heimreise erkrankte. Zu Hause angekommen, zwangen Atemnot und Schwindel sie zur Bettruhe. Aber das Kommen und Gehen in ihrer Wohnung nahm kein Ende; Bedrängte und Bekümmerte wollten sie sprechen, andere ihre Teilnahme bezeugen. Sie selbst blieb gelassen und zufrieden. Als sie schließlich spürte, daß ihre schwachen Kräfte den vielen Besuchern nicht standhielten, ordnete sie an, daß man nur noch die Unglücklichen einlassen dürfe, die andern sollten abgewiesen werden.

Im Winter 1924 setzte der schwere Kampf der Mönche um die Zeitrechnung ihrer hohen Feste ein. Eine Abordnung der Klöster Valamo und Konevits begab sich nach Helsingfors, um dem Präsidenten und dem Staatsminister die Gewissensnot der Mönche darzulegen und um Abhilfe zu bitten.

Sie suchten zuerst Mathilda Wrede auf und erzählten ihr von ihrem Vorhaben. Sie, die überallhin Verbindungen besaß, erklärte sofort energisch, sie werde die ehrwürdigen Patres anmelden, es ginge nicht an, daß sie in Vorzimmern warten müßten.

Der Besuch bei den hohen Staatsbehörden verlief ergebnislos; es blieb den Mönchen nichts anderes übrig, als den Verlauf der Dinge in der Stille des Klosters abzuwarten. Weder eine Petition beim Patriarchen in Konstantinopel noch andere Schritte waren ihnen erlaubt, da sie durch die Kirchenbehörde gebunden waren und diese ja eine gegensätzliche Auffassung vertrat. So konnten sie keine menschliche Hilfe erwarten.

Nachdem sie dies alles mit Mathilda Wrede besprochen hatten, fragte diese sie, ob sie ihr erlauben würden, etwas für sie zu tun, wenn Gott ihr einen Wink gäbe. Da erhellten sich die sorgenvollen Gesichter. „Gott wird Sie leiten", sagte der Prior leise.

In einer langen, schlaflosen Nacht erhielt sie die erbetene Weisung. Sie schrieb sofort an den Staatsminister, stellte ihm die Not der Mönche dar, ihre Enttäuschung, nachdem sie vergeblich bei der höchsten Staatsbehörde angeklopft hatten, und ihren Kummer darüber, daß man ihrer 1449jährigen kirchlichen Tradition kein Verständnis entgegenbringe. Als Freund aller Schutzlosen bat sie den Minister, sich für diese „wehrlosen Kinder Finnlands" einzusetzen.

Als nach einem Monat keinerlei Antwort eingegangen war und nichts in der Angelegenheit der Mönche erfolgte, beschloß Mathilda, sich unmittelbar an den Völkerbund zu wenden. In warmen Worten, klar und sachlich, schilderte sie die Lage der Mönche und fuhr dann fort: „Ich, die Mitbürgerin des freien Finnlands, gehöre zwar der orthodoxen Kirche nicht an, habe aber von Jugend auf in einem lebendigen Glaubensverhältnis zu meinem Gott gestanden und mein ganzes Leben darauf verwandt, für die zu arbeiten, die leiden. Und so kann ich es nicht lassen, meine Stimme zur Verteidigung dieser tiefbekümmerten Menschen zu erheben. Ich kann nicht zusehen, daß in einem Kulturland, wo Gewissensfreiheit proklamiert ist, wo die Juden ihre Festtage nach besonderen Regeln feiern dürfen, wo Menschen von anderen Glaubensbekenntnissen nicht gehindert werden, nach ihrem Glauben zu leben und ihre Festzeiten, ganz wie sie selbst wollen, zu feiern – ich kann nicht zusehen, daß ein solcher Eingriff in die Freiheit und Glaubenslehre, wie er von den höchsten kirchlichen Behörden innerhalb der orthodoxen Kirche beabsichtigt ist und verwirklicht werden soll, zur Ausführung komme."
Dann folgte ein in ehrerbietiger Form gehaltener, wahrhaft glühender Appell an den Völkerbundesrat um sein Eingreifen und seine Hilfe.

Nach einem Aufenthalt im Krankenhaus kehrte sie, ohne genesen zu sein, in ihr Heim zurück. Dort erhielt sie zu ihrer großen Enttäuschung eine – wenn auch achtungsvoll abgefaßte – Absage des Völkerbundes: Finnland habe kein Ersuchen an den Völkerbund gestellt, das Recht der Minderheiten zu wahren – so könne man nichts in der Sache tun.

Da ihr Heimlichkeit zuwider war, gab sie dem Minister von ihrem Schritt Kenntnis und sprach zugleich ihre Enttäuschung darüber aus, daß er ihre Eingabe nicht beantwortet und nichts für die Mönche getan habe.

Im Ministerium war die Bestürzung groß. Als einige Zeit darauf eine Abordnung des Völkerbundes in Finnland eintraf, suchte einer der Herren Mathilda Wrede auf. Er war tief beeindruckt von ihrer Persönlichkeit; sie sei ihm wie eine Prophetin der Bibel erschienen.

Bald danach erhielt sie zu ihrer unendlichen Freude den amtlichen Bescheid, daß die Russen in Finnland noch ein Jahr lang Ostern nach der alten Weise feiern dürften. Sie war erfüllt von Dank für diese sichtbare Hilfe Gottes.

Auch auf dem großen ökumenischen Konzil zu Stockholm im Herbst 1925, zu dem sie persönlich von Erzbischof Söderblom eingeladen war, vertrat sie ihr Anliegen; wenn es ihr auch nicht möglich war, öffentlich zu der Kirchenversammlung zu sprechen, so konnte sie doch in vielen Einzelgesprächen mit bedeutenden Persönlichkeiten verschiedener Nationalität auf die Gewissensnot ihrer Schützlinge aufmerksam machen. Ein sichtbarer Erfolg war ihr leider nicht beschieden. Sie schrieb damals nach Hause: „Viel Gutes ist während dieser Versammlung gesprochen worden. Wenn jetzt nur die Vertreter in den verschiedenen Ländern all das Große, das gesagt wurde, auch ins Leben umsetzen wollten!"

Von Stockholm reiste Mathilda nach Dänemark, in das „Land der Liebe", wie sie es nannte. Sie hatte dort immer viel Verständnis für ihre Arbeit gefunden. Auch jetzt sprach sie während der Tagung des Friedensbundes vor lebhaft beteiligten Zuhörern.

Treue Freunde hatten sie in das Sanatorium Skodsborg bei Kopenhagen eingeladen. In der körperlichen Ruhe dort erwies sich, wie es oft geschieht, erst recht, wie elend und krank sie war; und die neuesten Nachrichten aus Valamo trugen auch nicht dazu bei, sie freudig zu stimmen. Im Auftrag der höchsten geistlichen Autorität, nämlich des Patriarchen von Konstantinopel, war inzwischen der Erzbischof Germanos in Valamo erschienen. Leider hatte er für den bei aller Ehrerbietung entschlossenen Widerstand der strengen Richtung kein Verständnis, und diese mutigen Mönche, es waren nur noch hundertzehn unter Führung des Vizepriors, mußten nun mit der harten Strafe der Verbannung rechnen.

Mathilda konnte in dieser dunklen Zeit nichts für ihre armen Freunde tun. Sie hatte sich auf der Rückfahrt von Dänemark den Fuß verstaucht und mußte liegen. Wie sie aber in allen persönlichen Schicksalen eine Fügung Gottes sah, so auch hier. „Gott ist sehr gut und sehr klug", schrieb sie damals, „er hält mich hier in der Stille zurück, sonst würde ich vielleicht durch unangebrachte Teilnahme die Mönche angespornt und ihrer Sache geschadet haben." Um so inniger gingen ihre Gebete zu Gott.

Von ihren Schützlingen erhielt sie während ihrer Krankheit rührende Beweise der Liebe und Dankbarkeit: Obst aus ihren Gärten, das unter Gebeten für Mathildas Gesundheit gepflückt war, Heiligenbilder, die sie gemalt hatten, und ein kunstvoll gearbeitetes Schreibzeug aus Birkenholz.

Ohne die bestehenden Gesetze über die Zusammensetzung eines Gerichts über Glaubensfragen zu beachten, wurden die um ihres Gehorsams willen für schuldig erklärten, ehrwürdigen Mönche verurteilt und ihrer Ämter und Stellungen enthoben.

Unerschrocken veröffentlichte Mathilda Wrede einen Protest in der Zeitung und fragte nicht danach, ob ihr dadurch Schaden erwachsen könne. Zwar erhielt sie von keiner Stelle Antwort, aber den Orthodoxen in Finnland wurde die Frist der Erlaubnis, ihre Feiertage nach altem Brauch zu begehen, aufs neue um ein Jahr verlängert. So war wieder ein Sieg errungen; nur fünf der entschiedenen Mönche von Valamo wurden wegen ihrer Widersetzlichkeit bestraft.

Als bei einer festlichen Gelegenheit der Präsident von Finnland mit hohen kirchlichen Würdenträgern den Abendgottesdienst von Valamo verließ, trat Mathilda vor ihn und bat ihn in ihrer würdevollen Art, sich der verfolgten Mönche anzunehmen; dann zog sie sich still zurück.

Die Behörden blieben unerbittlich. Dreißig der treuesten Mönche wurden, von Polizei begleitet, aus dem geliebten Kloster ausgestoßen. Eine große Schar Klosterbrüder und viele teilnehmende Russen und Finnen versammelten sich am Ufer, als der Dampfer mit den Verbannten in den See hinausglitt. Tiefe Stille herrschte. Dann stimmten die dreißig Mönche eines ihrer Gebetslieder an, und unter diesem ergreifenden Gesang entschwand das Schiff den Blicken der Zurückbleibenden.

Auch in der Verbannung suchte Mathilda „ihre Kinder" auf. Trotz Unbilden der Witterung und körperlicher Schwäche wagte sie die beschwerliche Reise nach Hallahuhta und fand ihre armen Freunde in primitivsten Verhältnissen unter manchen Entbehrungen, aber still und ergeben in Gottes Willen. Einige von ihnen wollten sich in russische Klöster begeben, die meisten aber hofften, in Serbien in stiller Geborgenheit ihrem Gott dienen zu dürfen.

Wieder war es Mathilda, die sich dafür einsetzte, den Ausgewiesenen baldige Aufnahme in Rußland und Serbien zu verschaffen. Regelmäßige Sendungen von warmen Kleidungsstücken, Lebensmitteln und Lichtern gingen nach Hallahuhta, und zu Weihnachten erhielt jeder eine warme Decke; denn die Mönche mußten in den engen Räumen ihres Exils auf dem kalten Fußboden schlafen. Mit diesen Decken über den Schultern hielten sie in ihrer großen Freude einen Gebets- und Dankgottesdienst für ihren „einzigen irdischen Freund", und einer der Mönche schrieb ihr: „In der Nacht träumte mir von meiner Mutter, und sie trug Ihre Züge." Diese dankbaren Briefe ihrer verbannten Freunde trugen viel Licht und Freude in Mathildas Krankenzimmer.

Im Jahre 1927 erlebte Finnland einen Regierungswechsel. Die neuen Männer waren großzügiger und menschenfreundlicher als die bisherigen Machthaber. Zwei Minister suchten Mathilda Wrede persönlich auf, um ihr Hochachtung und Anerkennung für ihr Leben der Tapferkeit und Aufopferung im Dienste der leidenden Menschheit auszusprechen. Sie forderten sie sogar auf, sich an sie zu wenden, wenn sie ein Anliegen habe.

Trotz aller Hindernisse, die den Mönchen von den Behörden in den Weg gelegt wurden, gelang es Mathilda, die Ausreise nach Serbien zu organisieren und den unpraktischen, weltfremden Klosterbrüdern Erleichterungen zu verschaffen. Minister und Dampfschiffkontore, Dolmetscher und hilfsbereite Freunde wurden in Anspruch genommen, bis sie endlich ihr Ziel erreichte und den Auswanderern die Wege geebnet waren. Als der letzte Transport über Stettin abging, war sie selbst in Helsingfors anwesend und bewirtete die Mönche zum letztenmal. Mit großer Dankbarkeit blickten sie auf ihre „Mutter", und als sie ihnen am Schiff zurief: „Gott sei mit euch – wir sehen uns droben wieder!", verbeugten sie sich ehrerbietig und machten das Zeichen des Kreuzes.

Ausklang

Nun war Mathildas Aufgabe erfüllt, diese letzte große „Arbeit", die Leib und Seele der alternden Frau voll und ganz beansprucht hatte. Ihre Kräfte ließen sichtlich nach, sie war nicht mehr fähig zu lesen oder zu schreiben. Auch zu Weihnachten war sie nicht imstande, dem Zug ihres Herzens zu folgen und die alternden Geschwister zu besuchen. Mit großer Mühe schrieb sie ihnen einen Brief und erzählte darin, wie ihre Gedanken in der Stille, die sie umgab, auf die Reise gingen: zu ihren Lieben, zu den Gefangenen ins Ödland, zu den Mönchen.

Viele Zeichen der Liebe wurden ihr gesandt, darunter ein in der heiligen Grabeskirche zu Jerusalem geweihter kostbarer Rosenkranz; die Mönche vergaßen ihre Wohltäterin nicht.

Im Sommer 1928 war es ihr noch einmal vergönnt, ihre Familie auf dem Lande zu besuchen. Aber sie kehrte bald nach Helsingfors zurück, weil einer ihrer „lieben Jungen" aus der Gefängniszeit aus Amerika herübergekommen war, um sie noch einmal zu sehen. Nun saß er an ihrem Krankenbett und sprach mit ihr über den Tod. Er bat sie, ganz ruhig zu sein und zu vertrauen, daß die Arbeit, die sie begonnen hatte, auf irgendeine Weise weitergehen würde.

Auch diesem geheiligten, gottgeweihten Leben blieb es nicht erspart, dem „letzten Feind, dem Tod" mitten im Leiden zu begegnen. Aber diese Not konnte sie nicht niederdrücken. Die tiefe Harmonie ihrer Seele und die feste Verbundenheit mit Gott halfen ihr über die Schmerzen hinweg.

Neben ihrem Bett lag ihre sehr zerlesene Bibel. Hin und wieder strich sie sanft mit der Hand über das heilige Buch: „Ich kann jetzt nicht mehr viel darin lesen, aber ich liebkose sie dazwischen einmal und rede mit ihr: Ich danke dir für das, was du mir gegeben hast. Jetzt bin ich sehr müde, aber Gott versteht mich, und zwischen uns muß es beim alten bleiben, ob ich noch lesen kann oder nicht. Und dann hat mein Vater mir ein so herrliches Gedächtnis gegeben, daß ich mir in den langen, schlaflosen Nächten selbst Psalmen und Kapitel aus der Bibel hersage."

Sie wußte, daß für sie der Tod wirklich die Heimkehr bedeutete. „Dort wartet viel Arbeit auf mich", sagte sie, und fügte lächelnd hinzu: „Es würde mir auch gar nicht recht gefallen, wenn Gott mich im Himmel in einen Winkel stellen würde und ich dort Harfe spielen sollte." Mathilda Wrede war nicht eben musikalisch und spielte kein Instrument.

Zu der Freundin, die an ihrem Bett weilte, sprach sie davon, wie es sei, an der Grenze des Lebens zu stehen, und wie man sich davon erst eine Vorstellung machen könne, wenn man selbst dort angelangt sei.

Immer wieder sprach sie in jenen letzten Erdenstunden von der Güte „ihres Vaters" und wie reich ihr Leben gewesen sei, wie unbeschreiblich glücklich sie sich auch jetzt fühle auf der Schwelle zur Ewigkeit. Wieder beschäftigte sie auch jetzt Gottes „neuer Auftrag", der ihr Herz mit Dank und Freude erfüllte: das Wissen um die Fortsetzung der Fürbitte für alle ihre Lieben, wenn sie droben angelangt sein würde.

Solange es ihre schwachen Kräfte noch erlaubten, beschäftigten sich ihre Gedanken mit Abschiedsgrüßen und Geschenken für die, an denen hier ihr Herz hing und an deren Leben und Leiden sie stets so innig Anteil genommen hatte. Einem fernen Freunde ließ sie sagen: „Schreiben kann ich nicht, aber ich kann meine Freundschaft festhalten, und da das Gebet und die Freundschaft durch Gottes großes Herz gehen, erreichen sie doch ihr Ziel."

An jenem letzten 24. Dezember war, wie so oft in früheren Jahren, Mathilda Wredes kleine Wohnung das Ziel vieler Menschen. „Gott hat sie geschickt", sagte sie und erlaubte nicht, daß jemand abgewiesen würde. Noch einmal war sie teilnehmend und liebevoll für alle da. Sie freute sich über die vielen Blumen, die das Krankenzimmer in einen Garten verwandelten, und sagte lächelnd zu ihrer Freundin: „Weißt du, ich bin eigentlich ganz neidisch auf dich, weil dir all dies Schöne gehört, wenn ich fortgegangen bin. Heute gehe ich heim. Ich habe nur Angst, daß ich meinen Vater zu sehr in Anspruch nehme, wenn ich erst ins Jenseits hinübergekommen bin; denn ich habe so viele liebe Menschen hier auf Erden, die zu segnen ich ihn bitten muß."

Für diejenigen, die dauernd um sie waren, schien ihr Weggang kaum faßbar. Ihr Geist war so klar, so gesammelt. Nichts erinnerte an eine Sterbende. Nur sie selbst wußte und sagte es mit Bestimmtheit.

Als die Atemnot zunahm, gab man ihr ein Beruhigungsmittel, und sie schlief ein. Mitten in der Nacht erwachte sie noch einmal: „Glaubst du, daß irgend jemand so glücklich ist wie ich?" Sie streckte der Freundin die Arme entgegen. Dann löschte sie selbst ihre Lampe, um sie nicht mehr anzuzünden.

Am Abend vor der Beisetzung feierten russische Flüchtlinge an Mathilda Wredes Sarg eine Seelenmesse. Alle hielten Kerzen in den Händen, und ernster, gedämpfter Gesang klang durch die Räume. Der Priester im vollen Ornat verlas Jesu Wort: „Will jemand zu mir kommen, der nehme sein Kreuz auf sich und folge mir nach!" Er sprach davon, wie noch lange in der Welt die Rede davon sein würde, daß Mathilda Wrede ihr Kreuz auf sich genommen habe, ein sehr schweres und doch wunderbares Kreuz, nämlich, daß sie sich derer annahm, die von aller Welt verachtet wurden.

Das Zimmer war von Weihrauchduft erfüllt. Alle knieten nieder, und der Priester betete laut: „Verzeihe deiner entschlafenen Dienerin Mathilda Wrede alle ihre Sünden, und führe sie in das Land, wo die Gerechten wohnen, wo es kein Leid, keine Schmerzen, keine Klagen mehr gibt!"

Der 29. Dezember war der Begräbnistag. Die Trauerfeier fand unter ungemeiner Anteilnahme aller Volksschichten in der Johanniskirche statt. Den wärmsten Nachruf – für die politischen und kriminellen Häftlinge gesprochen – widmete ihr ein politischer Gefangener: „Mathilda Wrede ist im Gefängnis sowohl für die kriminellen wie für die politischen Gefangenen der Beichtvater gewesen. Allen war sie gleich unentbehrlich, allen gleich lieb. Wir verstanden sie; denn sie gehörte uns. Trockner Sand liegt auf deinem Sarge zusammen mit schönen Blumen. Dies ist ein Sinnbild deines Lebens. Du hattest die Wahl zwischen Blumen und dem Sande und wähltest den Sand, die menschliche Sandwüste der Not, und während deines ganzen Lebens hast du Rosen in diese Wüste gepflanzt."

Jubiläumsausgabe

Zeugen des gegenwärtigen Gottes,

die bekannte Reihe mit Kurzbiographien, wird 50 Jahre alt!
Aus diesem Anlaß werden 10 Bände – leicht bearbeitet und mit
Fotos versehen – neu herausgegeben.

*„In verständlicher Sprache und komprimierter Form wird das Leben von
Menschen nachgezeichnet, deren Glaubenszeugnis auch für unsere Zeit zu
vertieftem Nachdenken einlädt."*

Landesbischof D. Dr. Johannes Hanselmann

*„Die ‚Zeugen-Reihe' hat mir schon viele wichtige Einsichten und Anstöße
gegeben. So freue ich mich, daß eine Auswahl dieser Bände neu erscheinen
wird. Ich werde, wie bisher, gerne nach ihnen greifen."*

Prälat Theo Sorg

13801 F. Seebaß
Paul Gerhardt

13802 E. Bunke
August Hermann Francke

13803 A. Pagel
Gerhard Tersteegen

13804 A. Pagel
Marie Durand

13805 F. Seebaß
Matthias Claudius

13806 A. Münch
Johann Christoph Blumhardt

13807 W. Landgrebe
I. Ludwig Nommensen

13808 N. P. Grubb
Charles T. Studd

13809 F. Seebaß
Mathilda Wrede

13810 R. Wentorf
Paul Schneider

13800
Alle 10 Taschenbücher in einer Kassette

Brunnen Taschenbücher